四特 教育系列丛书　SITEJIAOYUXILIECONGSHU

怎样把课说好

《"四特"教育系列丛书》编委会　编著

吉林出版集团股份有限公司
全国百佳图书出版单位

图书在版编目 (CIP) 数据

怎样把课说好 / 《"四特"教育系列丛书》编委会编著 .
—长春：吉林出版集团股份有限公司，2012.4
（"四特"教育系列丛书 / 庄文中等主编 . 课堂教学与
管理艺术）
ISBN 978-7-5463-8733-8

I . ①怎… Ⅱ . ①四… Ⅲ . ①课堂教学－教学研究－
中小学 Ⅳ . ① G632.421

中国版本图书馆 CIP 数据核字（2012）第 043978 号

怎样把课说好
ZENYANG BA KE SHUOHAO

出 版 人	吴　强	
责任编辑	朱子玉　杨　帆	
开　　本	690mm×960mm　1/16	
字　　数	250 千字	
印　　张	13	
版　　次	2012 年 4 月第 1 版	
印　　次	2023 年 2 月第 3 次印刷	

出　　版	吉林出版集团股份有限公司
发　　行	吉林音像出版社有限责任公司
地　　址	长春市南关区福祉大路 5788 号
电　　话	0431-81629667
印　　刷	三河市燕春印务有限公司

ISBN 978-7-5463-8733-8　　　　　定价：39.80 元

前　言

　　学校教育是个人一生中所受教育最重要的组成部分,个人在学校里接受计划性的指导,系统地学习文化知识、社会规范、道德准则和价值观念。学校教育从某种意义上讲,决定着个人社会化的水平和性质,是个体社会化的重要基地。知识经济时代要求社会尊师重教,学校教育越来越受重视,在社会中起到举足轻重的作用。

　　"四特教育系列丛书"以"特定对象、特别对待、特殊方法、特例分析"为宗旨,立足学校教育与管理,理论结合实践,集多位教育界专家、学者以及一线校长、老师们的教育成果与经验于一体,围绕困扰学校、领导、教师、学生的教育难题,集思广益,多方借鉴,力求全面彻底解决。

　　本辑为"四特教育系列丛书"之《课堂教学与管理艺术》。

　　目前,在我国的学校教育中,课堂教学仍然是一种主要的教育教学活动,要想有效地提高课堂教学质量与效果效率,就必须充分尊重和应用教育科学理论,系统学习、研究、提高课堂教学艺术水平,这不仅是对课堂教学的客观要求,而且是教育教学研究的发展趋势之一。因此,有志于从事教育事业去当一名教师的教育专业学生,都有必要去学习、研究课堂教学艺术,为今后做一名合格的教师进行充分的准备。本书把教育教学理论和教育教学实践有机地结合起来,系统地研究课堂教学的规律和实践,研究教学过程中的各种实际问题。

　　本书还有另一个很明确的目的,那就是:确立班级管理的专业地位,提升师生教学质量。我们分别从学生、教师(班主任)的角度分别进行说明。班级管理是门艺术,大凡艺术殿堂的攀登,都需要自觉的奉献;班级管理又是门科学,涉及科学领域的探索,必依赖智慧的涌动。希望本书的出版,能为工作在第一线的广大中小学班主任提供一个支点,同时,能唤起一部分对班主任工作感兴趣的专家学者的热情,共同来研究这个新课题,让班主任班组管理这项至关重要的工作,更具科学性和艺术性。这也是本书编写的意义所在。

　　本辑共20分册,具体内容如下:

　　1.《怎样把课说好》

　　"说课"是深化教育改革,探讨教学方法,实践教学手段,提高教育教学业务水平的一种好方法,也是教师进一步学习教育理论,用科学的手段指导教学实践,提高教学科研水平,增强教学基本功的一项重要方法。本书主要从说课准备、精心设计与组织说课材料、幽默为教法服务、情感学法说课、辅助教学程序、互动教学目标、应对说课失误和总结说课经验等方面来进行铺垫和阐述。我们站在说课者的角度,多层次地模拟了说课中遇到的各种问题,并提出了相应的改进措施,希望教师在说课中少走弯路,对于日后的说课教学能起到更大的帮助。

　　2.《怎样设计教学情境》

　　本书着重探讨了如何使新课程提倡的自主学习、探究学习、合作学习真正进入到课堂之中。通过介绍西方课堂设计的理论和教学策略,总结国内课堂教学改革的成功经验,为教师进行有效的课堂设计提供切实的指导和帮助。

3.《怎样把课备好》

备课能力是一个教师最基本的业务能力。备课是教师教学活动的一个重要组成部分,也是上好一堂课的前提和重要保证。教师要上好课,首先必须备好课,备课是一项深入细致的工作,是教师达成良好教学效果的关键。教师备课最需要用"心"、用"情"、用"力"和重"思"。

4.《怎样把课上好》

课堂动了,学生活了,互动、对话成为课堂教学的常态了,课堂上出现一系列变动不居的场景也就在情理之中了。教师根据课堂教学中生成的各种资源,形成后续的、新的教学行为。动态成为常态,生成成为过程,这些教学的新要求,是上课时教师需要加以灵活掌握的,也是本书所要介绍的。希望通过本书,教师不仅能获得教学的新理念,同时能获得基本的教学策略。

5.《走出教学雷区》

由于学识、经验、能力、性格、思维等诸方面的限制,教师由于认识和行动上产生了偏差,在教学过程中走入误区在所难免。本书列举了日常教学工作中教师常出现的一些问题甚至错误,分析这些问题产生的根源及这些问题在教学中的呈现形式,提出解决的方案,引导教师避免或者走出误区,通过"行动—反思—再行动—再反思",引导教师做一个反思型教师。促进教师在专业化的道路上更快的成长和进步。

6.《让学生出类拔萃》

在学校里,尖子生往往是重点培养对象,集"万千宠爱于一身"。但是作为教师,不能被尖子生"一俊遮百丑"而忽视对他们的培训和教育。教师应该正确认识和了解尖子生,做好培优工作,积极引导,严格要求,满足他们强烈的求知欲,充分施展其才能并通过尖子生积极进取的态度、较好的学习方法影响和帮助其他同学共同发展,使全体学生成绩不断地推进。

对尖子生的培养是一项艰巨而漫长但又极具乐趣的工程,希望通过本书的学习,我们的教师都能发现千里马,精心、尽力培养,让他们跑得更快、更远!

7.《一对一教学》

在中国,"一刀切"式的教学方法普遍存在于课堂中,然而,每个学生特点各异,只有建立在了解学生基础上的个性化教学才能使学生受益无穷。

不是崭新的课本、新潮的教学技巧,也不是最新的教学设备,唯有优秀的教师才是学生成功的关键。坚信我们有责任坚持不懈地寻找和发现优秀的孩子,我们也要认识到每一个孩子都与众不同。本书致力于了解我们的学生并找到适合各个学生的教学方法,因材施教。

8.《让课堂动起来》

教师如何形成新的课堂教学艺术技巧、如何让课堂变得更加生动有趣,这正是本书论述的要旨所在。

教师要上好一堂课,除了要有热情与高度的责任感之外,还要有渊博的知识和一定的讲课技巧,教师必须认真备课、多动脑、多想办法,有了一定的授课技巧,课堂就会时时呈现出精彩!

9.《不怒自威》

本书以清新的笔调、详实的案例向教师娓娓道来:要树立起自己的威信,教师除了要师德高尚、敬业爱生,专业精湛、诚实守信、仪表得当,还要宽严有度、教管有方、赏罚分明、公平公正。只有这样,学生对教师才能心悦诚服,也只有这样,教师才不会在"学生难管"的哀叹中失落教育的权威。

10.《好学生是怎样炼成的》

行为变为习惯,习惯养成性格,性格决定命运。一个动作,一种行为,多次重复,就能进入人的潜意识,变成习惯性动作。习惯对每个人梦想的实现,命运的选择起到了决定性作用。青少年正处于一个习惯的塑造和培养期,养成良好的习惯会让每个孩子都成为好学生,会使其受益终生。

11.《与差生说拜拜》

本书以新颖的创作手法和情真意切的教育语言从多个方面阐述了怎样对后进生进行转化,如何正确认识后进生,坚守对后进生的教育之爱,唤起后进生向上的信心,解开后进生的"心结",有针对性地解决后进生的"问题"行为,加大对后进生的学法指导,提升后进生的自身能力,善用工作技巧来解决后进生问题,走出教育后进生的误区。本书有较强的可读性、针对性、实用性和操作性,对教师转化后进生的教育工作有实际性的参考和切实有效的帮助。

12.《从管到不管》

课堂管理艺术和技巧是以学生发展为本的,是教师教学智慧的新表征,是教学实践和经验概括和理性提升,本书所阐述的艺术和技巧是简约的,实用的,可操作的,可借鉴的。教师通过本书的阅读和借鉴,能够在新课程实践探索的道路上,不断更新课堂管理理念,优化课堂管理行为,形成新的教学本领和新的课堂管理艺术,让课堂教学焕发出生命的活力。

13.《把握好教学心理》

为了帮助读者成为"有意识的教师",作者提出了若干问题以引导学生思考和学习,并列举大量课堂实例,作为实践范例。本书鼓励教师去思考学生是如何发展和学习的;鼓励教师在教学之前和教学过程中做出决策;鼓励教师思考如何证明学生正在进行学习、正在迈向成功。本书反映了当前有关的新理论与新进展,所介绍的各种研究结论在课堂实践中得到了验证与应用。该书所倡导的兼收并蓄的均衡教学为教学的专业化发展奠定了基础。

14.《完美的班规》

优秀的班集体需要制订切实可行、行之有效的好班规。本书采用了通俗的创作方法,把死板的道理鲜活化,把教条的写法改变为以案例为主,分析、评点为辅,把最先进的教育理念和方法融入有趣的情境中。经典的案例,情境式的叙述,流畅的语言,充满感情的评述,发人深省的剖析,娓娓道来、深入浅出,让教师更充分地领会先进、有效的教育方法。

15.《让问题学生不再成问题》

班级里总有那么些学生:有的顶撞老师,经常迟到;有的迷恋网络,偷拿钱物,早恋;有的对同学暴力相向,甚至离家出走;教师在他们身上花费很多精力,然而收效甚微。教育这些学生,需要耐心,更需要教育的智慧。

本书是一部针对这一现象为教师提供方法的教育研究专著,也是一部关于问题学生的教育学通俗读物。本书以教师最头痛的问题学生为突破口,努力在这个问题上把智慧型教育理论化、具体化、可操作化,且适当规范化。这既是教育问题学生的一本"医书",也是教师科学思维方式的培训教材。

16.《消除师生间的鸿沟》

本书在编写中,尽力以轻松的笔调来"海阔天空"地谈论教育中的师生关系这一敏感问题,以求能让读者在阅读中有快乐、有启发、有思辨。本书每一篇章采用夹叙夹议的编写风格,叙述的是事例,议论的是道理。为了最终能让读者更广泛、更深刻地明白教育道理,本书一般通过"生活事例——生活道理——教育道理——教育案例"这种内外结合、纵横交错的行文方式,实现"顺理成章"的阅读品质。

17.《用活动管理班级》

随着社会和教育的发展,我们对班级的认识也经历着一个相应的发展历程。班主任的角色定位与对班级性质的认识应该是相匹配的。班级活动作为班级功能主要的承载体,在功能、形式和内容上同样需要在新课程背景下重新定位。本书紧扣班主任专业化发展这一核心理念,从班主任实际工作需要出发,由案例导入理论问题,又理论联系实践,突出案例教学与活动的组织和设计;不仅贯彻教育部提出的针对性、实效性、创新性、操作性等原则,而且便于进行系统、有选择性的培训。

18.《学生奖惩艺术》

现在的学校普遍提倡激励教育,少用惩罚性处罚手段,认为处罚只能打击学生的自尊心,使学生丧失上进和改正缺点的动力。但是,激励不是万能的。教育不能没有处罚,没有处罚的教育是不完整的教育。本书针对教师如何奖励和处罚学生进行了系统而深入的分析和探讨,并提出了解决这一问题的新思路、可供实际操作的新方案,内容翔实,个案丰富,对中小学教师颇有启发意义。本书体例科学,内容生动活泼,语言简洁明快,针对性强,具有很强的系统性、实用性、实践性和指导性。

19.《永葆教育激情》

谁抢走了中小学教师的激情?生命中不能承受之重对教师起到了什么影响?教师职业倦怠的原因在哪里?克服倦怠的具体行动有哪些?如何正确认识和驾驭工作压力?……这些问题就是本书要为你回答的。本书对教师的职业倦怠进行了系统而深入的分析和探讨,并提出了解决这一问题的新思路、可供实际操作的新方案,内容翔实,教案丰富,对中小学教师颇有启发意义。

20.《超级班级管理法》

班级管理是门艺术,大凡艺术殿堂的攀登,都需要自觉的奉献;班级管理又是门科学,涉及科学领域的探索,必依赖智慧的涌动。本书是多位优秀班主任集思广益、辛勤笔耕的结晶。一是实用性,所选的问题都来自班主任的实际工作,容易引起班主任的同感。二是可操作性,提出的应对方法都简便易行。三是时代性,所选问题与当前课程改革,与学生实际相结合具有浓厚的时代气息。

由于时间、经验的关系,本书在编写等方面,必定存在不足和错误之处,衷心希望各界读者、一线教师及教育界人士批评指正。

编者

目 录
CONTENTS

第一章

做好说课的准备工作

未雨绸缪，不打无把握之仗

教师在"说课"中"走调"或"不到位"，究其原因，除教师自身能力问题之外，更重要的是对说课的准备不充分。"凡事预则立，不预则废"，说课亦然，也需要未雨绸缪。

说课既是一种具有创新意义的教学研究活动，又是教师职业技能训练的主要内容。说课也是一种教学研究活动形式。许多教育专家从理论上对"说课"进行了阐述，并提出了"说课"的模式和具体的要求。教师们感到很为难，说一次课，要费很大的力气。说课的效果，也并不理想。

其实说课的能力很大程度上反映教师教学能力的高低，是展示教师业务素质的有效方式，是教研活动的有效环节。但是在每年学校学科组组织的教研活动中，总能发现一些问题，发现一些教师说得"走调"及"不到位"的地方仍不少，如说课内容不清、依据不充分，等等。究其原因，除教师自身能力不足之外，更主要的是说课前准备不充分。"凡事预则立，不预则废"，说课亦然，也需要未雨绸缪。

"不打无把握之仗"，充分准备是说课成功的起点，也是自我提高的过程。只有说课准备充分，才能提高说课的质量，才能不断提高自身业务素质，才能反映自身教学水平，也才能充分展示自己的教学才华，一举数得，何乐而不为！

说课前应做哪些准备呢？归纳起来应做好知识准备、理论准备、技术准备、心理准备这几个方面。

一、知识准备

知识是基础，没有比较丰富的知识，要想说好课是不可能的，所以，说课前首先要做好知识准备。知识准备的内容很多，其中比较重要的是教学大纲、教材知识以及其他相关知识。

1. 熟悉大纲，学科教学大纲，是指导学科教学的纲领

教材是根据大纲编写的，这一点说课教师往往忽略。说课前，教师一定要熟悉教学大纲，掌握大纲所规定的教学任务、教学目标以及各年级的教学要求，教学中应遵循的原则，尤其是要根据教学内容分解教学大纲所规定的教学目标。离开教学大纲的具体要求，说课就会迷失方向。

2. 钻研教材，熟悉所说教材的编写意图和教学目标

了解知识的承接性和延续性，对知识系统的内在联系要做到心中有数。还要掌握本课在本册书中所处的地位和作用，明确重点难点。

3. 涉猎边缘学科的知识，扩展知识视野

使之具备多学科、多层次的知识结构，这样才可以在本学科这个天地里游刃有余，使说课具有深度和广度。

二、理论准备

说课的理论因素很浓，教师不具有一定的理论水平，是说不好课的。说课一定要在理论指导下去研究教学内容的分析、过程的设计、教学方法的运用。否则说课就没有高度，就是无本之木。因此，教师在说课前要针对教学实际需要，有计划、有步骤地学习教育学、心理学、学科教学法等有关理论。明确教育规律，掌握所教年级学生的生理、心理特点，掌握说本节课所要遵循的教学原则，掌握本学科的主要教学方法及要求。只有这样，才能使教师不断提高教育理论的素质，为说课打下理论基础。

三、技术准备

1. 明确说课的内容和要求

要想说好课，首先明确说课要说什么。关于说课的内容，没有什么固定不变的"框架"，通常包括说教学目标、说教材、说学生、说教学方法和教学程序这几项内容，其中说教学方法里包括教师的"教"和学生的"学"两个方面。

说课要求教师不但要说出怎样教，而且还要说清"为什么这样教"的理论依据（包括大纲依据、教学法依据、教育学和心理学的依据等），

使听课者既能知其然，又能知其所以然，达到理论与实践的有机结合。

2. 掌握说课的技巧

①加强说的功夫。说课有不同的类型、不同的目的，但却得用语言表述。要动口，就要加强说的训练，要有说的功夫；要注重语气、语量、语调、语速、语感；要进入角色，脱稿说课不能用背的语调，要用"说"或者"讲"的语气，设计意图则用说明性语气，二者要有区别；要注意教师所处的位置，要和讲课的内容相符。板书和操作等活动要自然、和谐、落落大方。

②对说课的内容要分清主次。教师在说课时对说课的各方面内容，不能平均使用力量，不能眉毛胡子一把抓，要分清主次。只要说清"是什么"和"为什么"即可。应把主要力量放在说教学程序上，这里是重头戏。

3. 准备好说课所需的教具

说课前要准备好本次说课所用的尺、挂图、小黑板、卡片、幻灯片、录音、录像等教学用具，以及表演和板书需要的饰品、图形。说课时根据需要做必要的介绍和演示。

四、心理准备

由于说课是一种新生事物，许多教师根本没有接触过。它又要求教师在短时间内谈完一节课设计的整体思路。如果说课教师心理压力过大，很容易在说课时失去心理平衡，形成心理障碍，从而影响正常水平发挥，这就需要说课教师在活动之前，做好充分的心理准备。

1. 充分认识说课的重要性

"说课"活动是在短时间内较经济的大面积提高教师素质的最佳形式，也是大面积提高教学质量的有效途径。教师要充分认识到这一点，从而积极踊跃地参与这项活动，由压力变动力。积极主动地学习现代教育理论，认真钻研大纲、教材、教法。这就使教师的教学水平在原有的基础上再进一步。

2. 增强自信心

由于说课之前已大概圈定了范围，教师已对这些内容做了准备，所

以说课教师要卸下思想包袱，消除紧张心理，说课时从容自如，同时要正确地估价自己的实力，使能力得到应有的发挥。

3. 注意自我的心理调节

说课是在没有学生配合的情况下，一切靠自己完成，有时可能会出现漏洞，这时需要教师具有稳定力、应变力，消除心理紧张，稳定心理状态，恰当、巧妙、犀利地弥补。这种自我控制心理能力不能一蹴而就，需要在平时就加以训练。

说课要用广博的知识做基础

作为一名教师，传道、授业、解惑是三项基本职业技能，教师应具备的科学文化知识结构及其丰富程度是教师从事教育和教学工作的最基本素质。教师不仅要敬业、勤业，还要精业，教师应当掌握丰富的专业知识。俗话说："要给学生一瓢水，教师就得有一桶水"，这种"一桶水"与"一瓢水"的关系，长期以来得到教育界的广泛认同。

那么同样在说课活动中，作为知识的传递者，教师所掌握知识的广度和深度、教学技能运用的程度不仅关系到说课教学活动的质量，也关系到教师自身的威信和在听课者心目中的地位。所谓"学高为师"，作为一名教师，首先要深入，其次才能浅出，如果只是深入，最终只能是以其昏昏，使其昭昭。孔子也曾说过：吾知也有涯。在说课过程中，教师唯有走在知识的最前沿，高屋建瓴，才能有"一览众山小"式的对知识了然于胸。这样在说课中才能游刃有余，举重若轻。

作为教师，在说课中必须有真才实学。尤其是在当今知识爆炸的信息化社会，知识的更新速度加快，如果一个老师不及时充电、更新知识，那么教师在说课中就不会有丰富的知识做后盾，其说课效果也就可想而知。

"知识就是力量"，"知识是人类进步的阶梯"。知识储备是教师心理准备的前提和基础，有充足的知识储备，教师说课才能得心应手、挥洒自如。对知识的储备是每个教师的责任和义务，是教师必备素质的需要，是时代和社会对老师提出的要求。

总之，作为教师，为提高自身的说课艺术，就需要我们平常努力学习，把钻研作为必修课，"功夫在诗外"、"学习、学习、再学习"。只有以身作则地不断充实和丰富自己的知识，不断在学习之中提高自己的说课水平，我们才不会在说课前临时抱佛脚、临阵磨枪了，何乐而不为！

那么，说课前，教师迫切需要学习和掌握哪些知识呢？

一、补充综合性知识

从宏观方面来看，知识日益朝着综合化的方向发展，许多问题不是用一个学科的知识所能解决或回答了的。比如，生物教材中提出的一个开放性问题——为什么许多国家都禁止克隆人？回答这个问题，有的教师仅从生物的生殖进化角度来分析，有的教师仅从社会伦理的角度来解释，从而将问题局限在某个或某些领域，而不能从更广的视角（学科知识、科学技术知识、人文知识、社会知识等）来综合地解释。因此，依据教学内容，综合地补充知识是教师所必需的。教师只有自己首先在知识上融会贯通，才能在课堂教学中有针对性的启发、引导学生从多方面进行思考，从而表现出对知识的处理与新课程理念的协调一致。此外，综合课程的设立也对教师知识与经验的融合提出了更高的要求。

二、关注前沿性知识

知识经济时代，知识正以前所未有的速度向前发展。虽然教材在编写时已经注意到知识的现代进展，但教材建设的相对滞后性特点，使得有些内容在教材一出版就发生了新的变化。教师应对这些知识进行及时的更新和补充，使学生能够了解到知识的最新进展和发展前景。比如，生物教材中关于"目前还没有艾滋病疫苗"这一陈述，教师应作一些补充：美国的一家生物技术公司已研制成艾滋病疫苗，经过 5 年的临床试验，于 2003 年初公布了试验结果——疫苗对黑人和亚洲人有效，对白人和西班牙人效果不明显。目前，南非即将进入艾滋病疫苗的试验期，等等。因此，教师要多关注前沿性的知识，有意识地搜集与教学内容相关的信息资料，及时补充到教学中去。

三、挖掘教材中的潜在知识

一是分析所教知识的发生发展过程。比如，数学教材中关于有理数的概念，教师要首先研究数的发展历史：在原始社会，人们要比较物

体，形成了"多"与"少"的概念；学会"结绳计数"后，形成自然数的概念；在进行连续测量时，又产生了正分数，形成正有理数的概念；为表示相反方向的量，又引进了负数概念，等等。由此，教师对于有理数概念的发生发展过程才会有一个比较全面、系统的了解，才有可能向学生讲清有理数的来龙去脉，使学生知其然又知其所以然。二是挖掘、拓展教材中学生易产生疑问的内容和学生感兴趣的问题。比如，生物教材中介绍了"袁隆平与杂交水稻"，教师应拓展一些相关资料，包括袁隆平成功的关键因素是什么，目前世界和我国的水稻平均亩产量是多少，袁隆平培育的水稻新品种目前已实现的亩产量是多少，他的新目标是什么，等等。因此，教师在做说课设计时，应结合学生的学习心理、学习兴趣，对学生可能产生疑问的地方或容易感兴趣的问题有所预见，做好充分的准备。三是重视教材知识在生活、生产、科学技术中的实际应用。教师应能够联系本地区的实际和特点，分析与拓展教材中的应用性知识。

说课的关键是吃透教材

教材是学生获取知识、进行学习的主要材料，也是教师开展说课活动的主要依据。教师对教材的解读决定着教学目标的确定，决定着教学方法的选择，甚至决定着教学内容的取舍。

教材是学生获取知识、进行学习的主要材料，也是教师开展说课活动的主要依据。说课设计，包括教材解读、目标确定、方法选择、过程设计、理念运用等这样几大内容。在这几大内容当中，教材解读是最为重要的，教材的解读决定着教学目标的确定，决定着教学方法的选择，甚至决定着教学内容的取舍。一句话，有着怎样的教材观，就有着怎样的教学观。著名特级教师于老师甚至这样说过：这法那法，钻研教材是根本之法。

对教材的吸收、消化要不止于停留在表面、肤浅的层次，就必须要"透"。"透"不是蜻蜓点水，而是入木三分。就是要求教师理清课文的思路，明白作者的写作意图，把握课文的写作特点，课文中的重、难点熟记于心。要想灵活处理教材，要想灵活驾驭课堂，教师必须先下足工夫研究教材，深挖教材，归纳和总结教材的内容。只有对教材内容反复推敲和总结，才能理解教材编辑者的良苦用心和安排意图。学书法者须求力透纸背，执教鞭者也应求力透"教材"。说课对教材的理解要求具体、细密、完善，给我们以启迪。亲身说课，参与研讨、评比，也会给我们以新的认识。

"说课"需要教师在精心备课的基础上进行，阐述的是对某节课的教学设想及其理论依据。但说课不是对备课内容的简单叙述，也不是对讲课过程的简单总结，而是在教育理论的指导下，教师对备课、讲课等教学环节在理论上的高度概括。我们要想把课说清楚，让听者听明白，要做的首要工作就是钻研教材，吃透教材，需要教师搜集和了解相关的知识，进行极为系统和详细的准备工作：这节课涉及的基本概念是什

么？来源是什么？为什么要这样设计？这节课的知识与生活实际有什么关联？应该怎样解决这个问题……这些疑问不仅会来自于听说课的老师，同时也会是学生感兴趣、有疑惑的地方。这些问题的答案需要教师精心、精细、精准地从教材中寻找，便于学生理解和掌握，做到融会贯通。

假如你在说课前，对教材是一知半解，是囫囵吞枣，有些蒙混过关的敷衍。因为这些，老师多了慵懒，也就多了生疏，多了晦涩。当然听课者也就多了枯燥，多了疲惫，少了参与，少了效果，这就意味着你的说课效果就会大打折扣！

那么究竟应该怎样吃透教材呢？

一、破题入手

纵观中小学教材，大多数内容均有一个简明的标题，但由于说课只限于说一个课时的内容，笔者认为，以破题入手（这里指大标题），然后拟出合适的课时小标题，也是钻研教材的一种方法。如教学"一个数乘以分数时"，可拟定"一个数乘以分数的意义"、"整数乘以分数"、"分数乘以分数"……几个小标题，高度概括的语言可以使每课时总目标明显突出。只有对课题有了透彻的理解，才能准确地把握教学目标。

二、着眼编排，寻其意图

现行中小学教科书为全面系统地落实党的育人方针服务，我们必须遵循大纲要求，明确为什么要编写这部分教材。也必须尊重儿童发展过程中的年龄特点及健康成长的需要，从生理、心理角度明确：为什么要这样编写？不然，我们就会盲人摸象，不明主旨，"说"难得体，"教"也难得法。

譬如《高大的皂荚树》一文编排在第八册学习了6篇课文后的第二单元，既是阅读课文，又是习作例文。它一方面巩固从前面重点课文学到的阅读知识和方法，另一方面指导作文实践。目的使学生不仅理解怎样通过观察抓住事物特点，并且通过理解以物喻人这一写法，使学生建立一点社会、人生与自然相互联系的知识。

三、开阔视野，透视纵横

对教材内容，不能截断各部分之间的联系，不应断章取义，只孤立地注意到某一内容，犯夸大或降低难度的错误。而应找准立脚点，纵向了解前后知识的承递关系；横向了解本学科与其他学科相关知识及日常生活经验的联系。中小学各课在传授知识、培养技能、陶冶情操等方面脉络清晰，虽各有特点，但基本上呈循环往复巩固上升的趋势。随着儿童年龄的增长、生活阅历的丰富，不断提高要求，这里就不加赘言。

四、剖析教材，制定目标

目标是自觉的预见。科学的超前意识，是师生双边活动的起点，又体现为全部活动的过程和归宿。要做到结果与目标统一，首先就要有正确的目标。定出目标是钻研教材的必要环节之一。

由说课目标的要求，我们不难得出：

1. 语言上，以钻研教材内容为途径，用准确具体而又简洁明了的语言分行表达目标

少用抽象的结论性语言（但也并非教学内容的摘要）。能见之于行动的目标要尽可能指出行动的程度或阶段，这样可以方便检测。如小学低段有用几句话表达意图的目标；中高段有观察人、事、物达到言之有序、言之有物、言之有情的目标。

2. 内容上，如果局限于认知学习与技能训练，就不会体现德育目标

《学记》云："善歌使人继其声，善教使人继其志。"教师应掘出教材中的德育因素，有意识地把它体现在目标中。如教学《孔融让梨》，就要让学生懂得谦让的目标；教学《花潮》，就要有激发儿童为如花盛世而自豪并产生热爱社会主义祖国的高尚情愫的目标……

五、剖"情"（学情）析"材"（教材）

刘勰所说的"剖情析材"，是针对论述文章内容与形式的关系而言的，这里的"剖'情'析'材'"是钻研教材过程中的重要环节。说课

要求重点必"得当"、难点必"准",钻研教材的"透"也体现于"当"与"准"二字上。

一课时中所要传授的重要内容是重点;受学情制约,学生理解有困难或容易产生负迁移的内容是难点。可知,重点、难点不是随心所欲的,二者也不能随便合二为一。不熟悉掌握教材,就谈不上"当";不了解分析学生,也谈不上"准"。所以,这一步包括了教师由制定目标到指出重点,再预见落实目标将会遇到的困难点。

六、继续钻研,熟悉练习

说课提出了说练习的要求。练习题,在备课中往往研究不深。说课把我们的注意力引到了对习题的钻研上。因此,吃"透"教材还包括对练习题的吃"透"。

练习题或巩固新知,或联系旧知,进行比较,或引申,或深化,或布置行动,或引起思考……它是教材内容的重要组织部分,岂可忽视?特别是在社会呼吁学生负担过重,要求减轻学生课业量的今天,教师首先吃"透"练习题:了解哪几个题该在课内完成,哪几个题该在课外完成;这个题型训练学生什么,那个题型又训练学生什么……以求通过最少最精的练习,达到目标,这是必要且必须做的。有的教师搞题海战术,翻来覆去整习题,把学习气氛弄得很沉闷;有的教师甚至在课堂上随便点几个题敷衍学生了事,这些都是不钻研习题的结果。

通过以上六个步骤,是否对某一教材内容的钻研达到了"透"呢?还有待实践的检验。我们要积极地投入到说课活动中,"他山之石,可以攻玉",参照他人对同一课题的理解,对自己的钻研进行印证、补充、深化,从而不断提高自身的业务素质。

说课前要设计好你的课堂导言

说课导言犹如戏曲的开场白。一个漂亮、吸引人的说课导言可以为说课的进行定下基调，使整个说课进行得和谐自然。

说课导言在说课之始，是说课的最先一个环节。我们往往容易忽视这个环节，认为无关紧要。其实，成功的一堂说课还应有导言的一份功劳。一个好的说课导言不仅是一个新的认识过程的起点，又是激发听课者听课动机的重要手段。因此，我们必须重视说课导言。

说课没有固定的形式和方法，说课如何开头也没有固定的方法，说课的导言没有固定的程序和形式，教师可根据实际情况确定。这主要是由于说课面对的对象不同、内容的不同而有所不同，即使是同一内容，不同教师也有不同的处理方法。而有经验的教师，总是十分重视说课的开端和知识之间的转折与衔接。他们总是精心设计导言，讲究导言的艺术性。

要想设计好说课的导言，教师就要根据听课者的心理特点，结合说课内容，围绕调动听课者积极性的目的，采用灵活多样的方式方法，设计导入说课的导言，通过导言把听课者的注意力牢牢地吸引住。

以下摘自一位优秀语文老师的教学随笔：

设计好你的"开场白"

教师的"开场白"，即教师上课开始讲述的一席话。一段好的"开场白"，能创设良好的教学环境，激发学生的学习兴趣，能在极短的时间内稳定学生的情绪，吸引学生的注意力，让学生迅速了解这堂课讲什么、目的是什么，从而唤起学生的求知欲，点燃学生的智慧火花。它能叫开课堂的门户，打开学生心灵的门户。因此，设计好你的"开场白"也是一种教学艺术。然而遗憾的是，目前许多教师往往忽视了这开讲前的几分钟，以至于妨碍了学生学习兴趣的提高，甚至于教学质量的提高。那么，如何设计好你的"开场白"呢？

1. 提疑问，设悬念，启迪思考

这种"开场白"适合于相对枯燥的说明文的教学，它利用学生好奇、有着强烈求知欲的心理，对将学的内容提疑问，设悬念，使学生把注意力集中指向教学内容。如教《死海不死》，上课时可以这样开讲：在亚洲西部有一个死海，这个海里没有鱼虾水草，海边也寸草不生，更奇怪的是人们在这海里即使不会游泳也不用担心会被淹死，同学们知道这海到底为什么如此奇特吗？此问无疑会引起同学们强烈的好奇心，同学们会立即思考开来。如此"开场"，便可在同学们渴望得到答案的良好氛围中开始这一课的学习。

2. 讲故事，猜谜语，激发兴趣

这种"开场白"抓住学生爱听故事、爱猜谜语的心理特征，结合课文内容设计一些故事、寓言、笑话、谜语等，使学生对课文产生浓厚的兴趣。许多学生对于非现代文学作品不太感兴趣，这种方法无疑可帮助我们解决这方面的不少问题。如教《陌上桑》一文，我们先讲一个喜剧性的故事情节给学生听：古时候有个女人名叫秦罗敷，长得非常漂亮。每当她出门去干活，路人看见她都不愿走开，都要做出一些俏皮的动作想以此引起她的注意，种地的也傻呆呆地站在那儿不动了，等罗敷采完桑回家了，那些人这才发现自己手中该干的活都给耽误了，怨声不绝。未等"开场白"讲完，同学们就禁不住要细看课文。这样，在浓郁的兴趣中开始了新课的学习。《捕蛇者说》等课文教学时都可以设计故事性的"开场白"。

3. 释题目，讲背景，揭示主旨

文章题目常是文章精义所在，弄清题意是学习的"突破口"，背景常能帮助我们更好地理解作者的写作意图和文章的中心思想。利用课题的解释、背景的介绍，不枝不蔓，切中肯綮地"开场"，则有利于学生很快地进入学习状态。如《谁是最可爱的人》一文的"开场白"："1950 年 6 月 25 日，美帝国主义悍然发动侵略朝鲜的战争，把战火烧到了鸭绿江边，妄图吞并朝鲜，进而侵略我国。同年 10 月 25 日，中国人民志愿军跨过鸭绿江抗美援朝，同朝鲜人民并肩战斗，为保卫朝鲜人民、保卫祖国、保卫党、保卫人民和平幸福的生活而不惜献出自己宝贵

的生命。因此，作者本文中鲜明地指出，我们的志愿军战士是'最可爱的人'。"如此开讲，不仅能激起学生对志愿军战士的热爱，更有利于学生迅速理解课文中心，有利于提高学生的学习效率。

4. 述评价，引赞语，唤起重视

这种"开场白"从肯定和赞扬名家名篇的"名"与奇文的"奇"开讲，它能吸引学生慕"名"而读，追"奇"而学，提高学生的学习兴趣，但必须实事求是，不要夸张卖弄。如《陈涉世家》选自《史记》，《史记》曾被鲁迅誉为"史家之绝唱，无韵之《离骚》"，可见它在文学史、史学上闪耀着的光辉。《陈涉世家》就翔实而又生动地再现了陈胜、吴广发动中国历史上第一次农民起义的情形。我们以对《史记》的这种高度评价开场，则可在学生的高度重视中引导他们一起走进那段尘封的历史。初中课本中的文学作品及作者大多受到很高的评价，如曾被称为"唐人七绝的压卷之作"的《出塞》、四大古典名著的节选篇等，我们若能抓住后人对它们的评价作为"开场白"，教学效果自然非同一般。

5. 引诗句，用名言，调动热情

这种"开场白"结合课文引用有关诗词、格言、警句等开讲，它可丰富学生的知识，激发学生学习新课的兴趣，还能对所学内容起到画龙点睛的作用。李白、杜甫是唐代著名的诗人，但两者风格不同，一为浪漫主义诗人，另一为现实主义诗人，这种风格很明显地体现在两人的诗作中。因此，在学习李白的《秋浦歌》、杜甫的《登楼》时，可联系同学们较熟悉的"飞流直下三千尺，疑是银河落九天"、"朱门酒肉臭，路有冻死骨"的诗句作为"开场白"，不仅让学生觉得贴近了他们的旧知识，极大地调动起他们的学习热情，还有助于他们理解《秋浦歌》飘逸奔放、《登楼》沉郁顿挫的风格。

6. 展挂图，放录音，活跃气氛

利用图片、实物等直观教具开讲，可以帮助学生形象地理解课文，激起学生的求知欲；利用音乐、录像等的可听可视性开讲，可以活跃课堂气氛，加深学生对课文的理解。如《绝唱》，可以先放一段梅兰芳的演出录像，让学生了解作为国粹的京剧的魅力和欣赏梅兰芳字正腔圆、

珠圆玉润的歌喉。这样的"开场白"虽不是教师的口头语言，却足以活跃课堂气氛，更重要的是，它还能让学生直观地理解课文中有关的文字描述与声音实体之间的必然联系，帮助学生理解本文关于声音描写的妙处及本文的中心。如今，在多媒体教学逐步成熟的时代，更有利于教师设计这种"开场白"。

"开场白"的形式当然远不止这几种，一般来说，"开场白"的设计要因文而异、因人而异、因时而异、因地而异。一段好的"开场白"，往往熔铸了教师殚精竭虑的智慧，凝聚着教师个人的教学风格、学识修养，能使学生积极思维，主动获取新知。因比，请设计好你的"开场白"！

以上案例中这位教师提供的几种教学开场白设计，很值得我们学习和借鉴。那么对于说课而言，同样也需要我们设计精彩的说课导言。那么，如何才能设计出精彩的说课导言呢？

设计导言，必须要遵循五个原则，即"精"、"准"、"深"、"活"和"适度"。

精——即精练。语言设计一定要简洁，言简意赅，目的明确。设计导言的目的是为了使说课内容能够顺利、有效地展开，既要保证说课内容的完整，又要按时按计划完成当堂的说课目标，所以时间的分配很关键。导言的精练程度直接影响到说课目标的完成，它是保障教师完成说课目标的一个主要因素。

准——即准确。设计导言要求教师要充分发挥教学中的创造力，仔细分析教材，挖掘教材，大胆超越教材，发展教材，从而把握知识要点、说课切入点，把握住听课者的思想脉搏，把握好听课者的思维习惯，切重问题要害，使导言有的放矢。

深——即注意挖掘教材内涵。导言设计要做到深入浅出，做到对知识迁移有所帮助，不失时机地揭示其内在的有机联系，促进听课者认识的深化，唤发听课者现实意识感受，因势利导，把听课者的感性认识上升为理性认识，从而达到解决问题的目的。在导言深度设计的把握上，应该注意三点：一是设计的导言要能让听课者一起动起来；二是要考虑导言的迁移力；三是经过导言的引导，听课者的听课能趋于省力。倘若这三点都满足了，则你的导言设计就可以称为是成功的。

活——即灵活。要求根据听课者心理年龄特点、思维方式，选择最佳角度，灵活设计导言，突破听课者思维定势，拓展听课者的思路，真正起到导向、导思、导疑的作用。教育本身是一种主动求知的过程，一般来说，听课者只能对他们所经历的事情有所理解，只能运用他们已掌握的技能技巧来进行创造和思考。如果教师提供的情境是听课者所感兴趣的，那么，听课者就会主动参与到课堂中来，就会有效地听课。我们常说"兴趣是成功的一半"。以导言激趣，调动听课者自主听课的积极性，往往使说课效果事半功倍。导言作为说课语言的重要组成部分，有时它的生成不都是先预设好的，还常常存在于说课内容生成的过程中，随机性很强。这种导言的生成往往与教师的教学经验和应变能力有很大关系，但它一旦生成，其精彩往往胜于预设。所以"活"是导言设计原则中的重中之重。

适度——即在有限的说课时间内，导言插入和表述要"到位"，但不"越位"。换言之，插入既要适合时机，表达目的明确，又要留给听课者思考的余地，使内容过渡水到渠成，恰到好处。

说课目标作为说课最重要的组成部分，对说课内容的选择起着决定性的指导作用。说课内容的选择必须依据于目标，即有什么目标，就有什么内容，换言之，就是让目标和内容要保持高度一致。在说课中，教师为了达到预期的说课目标，必须设置情境，那么，这个情境的引入便是靠导言来实现的。准确的导言，是架设在情境与目标之间的桥梁；准确的导言，具有明确的导向作用，是听课者在听课过程中，快捷、高效率领悟说课者的说课思路的引路者。

说课设计，需要你锤炼说课内容

说课的显著特点在于说理，即内容与说理的有机融合要体现在整个说课过程中。这样，靠内容的充实和环环相扣，使说课具有科学性、逻辑性、深刻性。要给听者留下深刻的印象，必须做到"说主不说次"、"说大不说小"、"说精不说粗"。这就要求我们教师要对说课的内容进行锤炼，削枝强干。

说课内容设计范围深广，而各部分内容又都具有重要的地位和作用，彼此间又形成多层次的网络联系，因此，要说好课就需要锤炼你的说课内容。

锤炼说课内容需注重完整性与突出重点相结合。说课是搞好课堂教学的前提和保证，必须坚持"三层""四说"的完整，但无论对"三层"（"教什么"、"怎么教"、"为什么这样教"）还是对"四说"（教材、教法、学法、教学程序）都不是平均使用力量，一定要根据教材的特点、学生实际、办学条件、说课对象决定说课的轻重、详略。当然，有些内容如"为什么这样做"、"教材处理"等，无论何时都必不可少。总之，有重点才会说出深度，说得精彩。

锤炼说课内容需注重理论性分析和实际操作设计相统一。说课是展示教师"一桶水"的储备，说课既是教师理论水平的检阅，也是提高理论水平的契机。没有充分的理论分析，便没有说课的价值。但说课的最终目的还是上课、上好课。因此，必须把理论演绎与实际教学设计挂上钩。在如何把理论通过操作变为实际上下工夫，说清楚、明白，令人信服。操作是理论指导下的操作，理论是有实际操作依托的理论，二者不是空泛的，也不是彼此分离的。

锤炼说课内容需兼顾现实性与发展性相统一，说课要从教学现实的现状出发，不能好高骛远、夸夸其谈。但对有条件的教师还可以高屋建瓴地进行发挥。在必要时可以超脱现实说课的一个环节，可就知识的发

展、学生的发展、教学改革的发展，引领同伴前瞻教育改革与发展方向等。这可使说课达到锦上添花的效果，大大提升说课的境界。

那么，我们该如何来锤炼说课内容呢？

一、要具有清晰的结构

能抓住听者心弦的说课，必须有一个经得起推敲的逻辑结构，要在注意把握教材自身内容联系的条件下，组织好说课的结构。

二、要确定明确的教学目标

教师应依据教学大纲、教材和学生实际，从知识、能力、德育等方面确定本节课的教学目标。如果说教材是说课的"血肉"，结构就是说课的"骨架"，教学目标是整个说课的"灵魂"。目标确定后，说课的整个安排都要服从教学目标，目标不能和教学内容脱节，要具体、明确而全面。

三、要准确分析重点难点

分析教材重点、难点要结合教材的地位、作用、内容及学生的实际情况，尤其要注意分析难点的位置、程度、成因、突破难点的关键与措施，以及在难点的教与学中培养学生思维能力的策略。

四、要采取有效的教法与学法

科学地运用教法、指导学法是教师完成教学任务必须采用的方法和手段。教法的选择要根据教材和学生实际选择，能调动学生学习积极性，有利于培养学生能力，尽可能适应学生个别差异的教学方法。要能启发学生，让每个学生都动手、动口、动脑积极思维，进行"创造性"的学习。同时，还要注重学法指导，即不仅要求教师教会学生知识，更重要的是教会学生"会学"，教与学的关系应是"教是为了不教，学是为了会学"，这才能使学生终身受益。另外，各种教学手段的运用，也会达到事半功倍的效果。

五、要设计有目标控制的、有启发性的教学过程

为了确保既定教学目标的实现，在设计教学程序时，从复习提问到布置作业，每一个环节的设计都要随时注意教学目标的控制，要与教学目标相呼应，使教学目标的控制必须落到实处，不搞形式，确保各个环节实实在在地完成任务。要依据教学目标对全部教学内容进行科学处理，做到主次分明、重点突出。教学过程的设计，还要注意具有启发性。要始终面向全体学生，根据学生的实际水平，选择恰当的教学起点、教学方法、教学手段去启发引导，让每个学生都能达到大纲规定的基本要求。

说课设计，要掌握选择教法的艺术

教法是为了完成一定的教学任务，教师在教学过程中所采用的手段。它包括教师教的方法，也包括教师指导学生学的方法，是教的方法和学的方法的统一。

教学方法的基本问题，实际上是如何选择的问题。因此，说课中的说教法这一环节，实际上就是说教法的选择。教师面对众多的教学方法，哪些方法对自己当前的教学情境来说是最好的？这些方法又如何有机地结合在一起？这既是理论问题，又是实践问题，也是艺术问题。其艺术性表现在教师要在整个教学法体系中，根据具体的教学目的和任务、教材内容的特点、学生的年龄特征和教师的特点进行综合分析，把多种教学法有主有次地结合起来，创造性地加以运用，达到最佳组合。

我国一位著名教育家说过："一个教师，要紧的不是忙着用这种教法去否定那种教法，不是证明多种教法的没道理，更不是糊里糊涂地照搬某种教法到自己的课堂上，不加任何改变就用。他应当像蜜蜂一样，在教法的百花园中，到处采集有用的花粉，回来以后，酿造自己课堂教学的蜜。"

近些年来，各科教改方兴未艾，如日中天，现代教育对传统教法提出严峻的挑战，并取得突破性的胜利。笔者在教学活动中对教法也进行了大量的探索和研究，笔者认为：教学有法，但无定法，灵活运用，才是好法。也就是说，再好的教法，也不是每节课、每种学科都适应。一节优质的课必须是多种教法的最佳组合。而说课成功的关键在于教师正确选择和应用教法。

我们知道选择教法的主要依据：选用什么样的教法不仅受教法本身的功能所制约，而且，教学方法与教学目的、教材内容、教学对象密切相关。

因此，我们在做说课设计选择教学方法时就需要考虑多种因素。由于制约教学方法适用的因素多种多样、错综复杂，所以选择教法的依据不是单一的。概括起来主要依据有：

一、依据教学原则

教学原则反映了教学过程中客观规律，是长期教学实践经验的总结。它对确定教学计划、使用教材、选择教学方法等都有指导意义。教师只有深入理解各项教学原则，掌握教学原则的体系，有机地结合教学活动，恰当地选用教学方法，才能有效地完成教学任务，提高教学质量。

二、依据教学目标

各门学科都有一定的教学任务，但教学任务都是对教学内容的高度概括，比较笼统和一般，对选择教学方法仅具有方向意义而无直接意义。对教学方法选择直接起作用的应是教学目标：学期的目标、单元的目标、课时的教学目标。教学目标将学科教学的一般性任务具体化了，便于操作和检测。不同的教学目标，就需要选择不同的教学方法。

三、依据教材的内容特点

首先，各学科教材内容都具有一定的特点，学科不同，教材内容不同，选用的教法也就不同。如语文和外语多采用讲读法；物理、化学多采用实验法和演示法；数学多采用练习法。其次，同一学科不同的章节，教学内容又有区别，因而选用的教法也有区别。例如历史学科，讲政治经济的内容多用叙述法；讲历史上的科学技术，最好利用模型和教具。

四、据学生的实际情况

教学方法要适应学的基础条件和个性特征，因此选用教法要多考虑学生的智力水平、学习态度、学习方法、班风、纪律、年级、家庭等。对于程度较高的班级，可选用自学辅导法；对于程度较低的班级，可选用讲解法。值得注意的是，选择教法既要考虑学生的实际情况，又不要为适应学生而降低要求。

五、依据教师的本身素养

根据教材的内容，本来应该选用某一种方法最好，但由于教师缺乏

驾驭这种方法的素养条件，也不可选用。教师选用教法时，要结合自己的可能性，做到扬长避短。假如教师本人具有很高的形象思维能力，而且善于描述，那就选用语言描述法。假如教师对某一部分教材理解特别深刻，并善于提出关键性的有利于激发学生兴趣和思考的问题，那就选用启发式的谈话。当然教师的素养条件不是不变的，如果缺乏某些素养，经过一番努力学习，是可以得到补偿提高的。

六、依据学生心理特点选择教法

合理安排教学内容。由于学生注意力在课的前半部达到高峰，意志力在课的中后部达到高峰，情绪则在课的后半部达到高峰。根据这一特点，教师在组织教学中应把新教材安排在课的前半部分，有利于学生对新教材的学习、理解和掌握；在课的后半部分则应安排一些竞争性、游戏性较强的内容，激发学生兴趣，同时、要做好主教材与辅助教材的搭配，尤其要抓住主教材与辅助教材的内在联系进行组织教学，以提高教学效果。

灵活运用组织方法。针对少年儿童生理和心理特点，在教学中，教师的组织教学要尽量体现出"新、奇、活"的原则，采用多种多样的、生动活泼的、使学生能够产生强烈兴趣和新鲜感的组织形式，以增强教学的吸引力，激发学生的学习兴趣和热情。

同时，教师在教学中要充分发挥"手势、眼神、语言"的作用，即用"手势指挥，眼神暗示，语言激励"组织方法。"手势、眼神"是无声的语言，具有其他组织方法不可替代的作用。如学生在教学中注意力分散开小差时，教师用眼神暗示，就会集中学生注意力等。教师的语言激励要以表扬性、勉励性的语言为主，不断激发学生的学习兴趣。总之，教师在教学中要根据具体情况，灵活运用组织方法，保证教学过程的顺利进行，从而实现教学目的。

说课前抓住主线是关键

教学主线是教者在反复钻研教材的基础上形成的比较成熟的说课课程。切合实际、行之有效的教学主线设计有利于提高你的说课效果。

一个精彩的故事，必须要有一条线索贯穿始终；一堂组织有效的说课同样离不开一条精心设计的"教学主线"。教学主线是教者在反复钻研教材的基础上形成的比较成熟的说课思路。切合实际、行之有效的教学主线设计有利于提高你的说课效果。

主线是说课内容的核心和实质，是知识结构网络中的主脉。同时主线里还包含着学生对知识学习的理解掌握，以及对能力培养的基本要求。也就是说，主线说课是教师在教学目标的指引下，通过设计清晰的说课思路，在优化的说课教学中，围绕一条主线来调动听课者听课的主动性和积极性。

为了使教学设计更符合说课活动的实际，新课程的教学设计并不要求将教学中的一切事件都罗列出来。事实上，当我们将说课中的每个细节（甚至每次问话和预期的问答，每个结语与教师设想的评议等）都预订出来时，这不仅意味着无视课堂教学的生成性和充满生命活力的学生存在，同时也是在作茧自缚。

因此，说课设计只有凸现操作的主线，明确全过程从哪里切入、怎样展开、怎样深入、达到什么目的……才能做到在说课中既脉络清晰、不蔓不枝，又能收放自如、游刃有余。

"教学主线"清晰与否、生动与否，将直接关系到你的说课的思路是否清晰、说课氛围是否生动、说课活动是否有效。只要我们钻研教材，把握课程标准，从学生实际出发，那么，一个话题、一则新闻、一个观点，甚至一项政策，都可以成为"教学主线"创设的来源。

我们知道说课时间毕竟是有限的，教师如何才能使说课在有限的时间内取得最大的教学效果，教材的钻研和课前的预设应当是最重要的环

节。只要能在说课设计中设计出合理而清晰的教学主线，我相信你的说课效果就有望取得惊人的效果。

1. 科学合理地设计说课中的教学主线

那么，如何科学合理地设计说课中的教学主线呢？

（1）深入钻研教材，结合单元重点，抓住能起主导作用的关键词或短语、主要句型、中心句、中心话题和语言功能来设计课堂教学主线。在设计主线时，教师可以根据学生的认知特点、心理特点和教学实际情况，适当调整教材内容的顺序，整合相关教学内容，从而引导学生更有效地学习。

（2）教师在编写教案时要以教学主线为中心展开，即将整节课的活动汇成一个定向活动的整体，从而使教学环节和步骤严谨而富有条理。同时，教学尽量采用"任务型"的教学途径，让学生带着明确的任务目标，在做事情的过程中发展语言能力、思维能力以及交流与合作的能力，从而提高其综合语言运用能力。

（3）教师在设计教学主线时要充分考虑学生因素。首先，教师要精心设计课堂内容的导入，让学生很容易理解教师设计的学习任务，顺着教师设计的教学主线掌握课堂的基本教学目标和要达到的基本教学要求。其次，教师要围绕教学主线设计形式多样且富有层次的活动（包括课堂作业的安排），让学生积极、主动地参与活动，并开展创造性思维活动，使学生的认知水平得到提高。教学主线活动的设计不必太拘泥于逻辑顺序，或过于缜密，而应按学生的心理变化，及时照顾学生的好奇心与兴趣，发挥学生的主动性、责任感和表现能力，鼓励学生多依靠自己的经验，通过观察、提问、归纳和独立思维亲自发现知识。

（4）活动完成后，教师应及时对学生的学习情况进行总结和评价，也可以组织学生进行自评或互评。在评价的过程中，教师要充分肯定学生的进步，鼓励学生自我反思和自我提高，要防止评价流于形式，或因评价不当使学生产生心理负担或厌倦情绪。

2. 设计说课的教学主线的原则

（1）准备性原则：要让学生有效地获得学科知识和提高认知能力，循序渐进，不宜跳跃。教学前教师必须明确教学目标（即新的学习内

容是什么），照顾到学生对新知识的准备状态，并以此为依据设计教学主线，开展教学活动。

（2）整体性原则：说课教学活动要围绕教学主线展开，因此教学主线必须能够贯穿说课所设的每个教学环节，且使每个环节过渡自然，并使整个说课过程流畅。这样，学生在开展课堂活动时的认知过程才能有所依托。

（3）真实性原则：教学主线中的中心话题的设计要把真实的语言材料引入学习环境，这种真实的语言材料来自学生的生活经历，容易被学生接受，能激发他们对熟悉事物的兴奋点。

（4）功能性原则：教材在每个单元中安排一个语言功能项目，然后根据该功能确定一个相关的话题，再围绕这个话题设计活动练习，语言结构则根据功能的需要贯穿其中。这个思路充分体现了语言结构为语言功能服务的思想。因此，教师在设计主线时，要结合单元的功能项目，巧妙地把主线设计与语言功能相结合。

说课前做好心理准备

说课前教师心理压力过大，很容易在说课时心理失去平衡，导致心理障碍，从而影响正常水平发挥。为此，说好课，心理准备很重要。

由于说课是一种新生事物，许多教师根本没有接触过。它又要求教师在短时间内说完一节课设计的整体思路。如果说课教师心理压力过大，很容易在说课时失去心理平衡，导致心理障碍，从而影响正常水平的发挥。为此，说好课，心理准备很重要。

说课需要教师要以认知心理活动规律为指导，说课中教师首先要充分运用并通过自己的感觉、知觉、思维和记忆等认知活动，去熟练透彻地掌握说课的内容，特别对教材内容要有清晰的感知、深刻的理解，并牢牢地保存在记忆中。还要把教材的教学观点和思想感情，化为自己的科学信念和思想感情，即对教材要做到"懂"、"透"、"化"，才能通过课堂教学很好地教给学生。

而做到这一点还需要很好地研究学生的学习心理活动，研究如何依据学生学习心理活动的规律，去引导学生感知教材，并通过思维理解掌握教材。学生感知、理解教材的方法是什么，有何困难，如何帮助学生解疑排难，等等，都应当在说课前有清晰的了解和研究。我们也可以说说课一刻也离不开认知心理活动规律的指导。

此外我们知道，要说好一节课，需要教师认真备课刻苦钻研。要求教师必须把握大纲，熟悉教材，了解学生，选择恰当的教法和学法，并说出教学程序设计及其理论依据。因此要求高、难度大，的确是一件艰苦的事情，不可敷衍了事。再者，过去仅要求教师课堂上当好演员，而说课要求教师不仅当演员，还要当导演。这就需要我们教师在说课前，需做好心理准备。

说课前的心理准备状况直接影响到说课效果，这就需要说课教师在

活动之前，做好充分的心理准备。

一、认识是说好课的前提

无论做什么工作都应对其有深刻的认识方能做好。说课活动也是如此，要想说好课，必须对说课的要素及各要素之间的关系有深刻的认识。因此要求说课者应有良好的认识素质。

首先要认清说课活动的性质。

说课是把教师的教案转化为"教学活动"的一种授课前的实践演习；是教师在独立备课基础上，向同行系统地谈自己的教学设想及其理论依据，然后由同行评议，达到互相交流、共同提高的一种教研活动。说课是加强课堂教学研讨、提高教学质量的重要措施；还是提高教师自身素质的有效途径。

其次要明确说课的内容及要求。

说课内容包括：教学目标，教学内容，教学过程，教学方法，教学对象，训练反馈等基本内容。

基本要求是：

（1）依据教材大纲，做到符合学生实际。

（2）重点突出，层次分明，内容具体。

（3）说理透彻，理论与实践相结合。

（4）语言准确、简练、科学。

最后需要掌握说课的方法。

说课不仅要明确说课性质、内容和要求，而且更要掌握说课方法。方法对了，事半功倍；方法错了，则事倍功半，甚至劳而无功。

说课应遵循以下原则：（1）理论联系实际的原则；（2）科学性原则；（3）可行性原则。

说课质量的高低，除本人的素质外，准备工作也是重要环节。准备得充分，说课质量才会高。说课的准备工作一般可分为如下四步：

（1）学：钻研大纲和教材，明确大纲的基本要求和教材的结构、基本知识；确定重点、难点；学习必要的教育教学基础理论，做好理论准备。

（2）析：分析学情，确定教学的指导思想与基本教法和学法。

（3）写：遵照相关说课的基本原则和基本要求，写出说课讲稿。

（4）演：说课前的试讲，从中找出不足，并加以修改和完善。

说课活动开展的好与坏，首先取决于说课者对说课活动认识水平的高低，所以要搞好说课，必须从认识说课入手，努力提高自己的认识素质。

情感是说好课的动力

人非草木，孰能无情。人的各种活动都与情感不无关系。同样，在说课中也不能不考虑教师的情感因素。情感是人对客观事物与人的需要之间关系的反映。对于说课活动具有积极的情感可激发教师说课活力，使教师精神焕发，朝气蓬勃，从而提高说课水准。

1. 说课要有激情

激情是一种迅速强烈地爆发而时间短暂的情感。积极的激情与冷静的理智、坚强的意志相联系，能激励说课者克服困难，攻克难关，成为说课活动的巨大动力。所以说课者必须要有激情。

2. 说课要有良好的心境

心境是一种微弱平静而持续的情绪状态。在心境产生的全部时间里，它能影响人的整个行动表现。在现实生活中，心境的作用是很明显的，积极的心境可使人振奋，从而完成困难的任务。

说课要求说课者情绪稳定，不急不躁，在说课中树立起坚定的信心：通过自己不断的努力，教学水平一定能得以充分地发挥。因此说课者必须有良好的心境。否则，无论准备得多么充分，也有可能发挥失常。

3. 说课要有热情

热情是一种强有力的稳定而深刻的情感。它可以掌握整个人的身心，决定一个人思想行动的基本方向，成为巨大推动力。巴甫洛夫指出："科学是需要人的高度紧张性和很大热情的。"

说课是一种新型教学研究活动。它的要求严格，教师既要有深厚的文化专业知识，又要有较好的教育教学理论知识，更需要有较强的理论联系实际的应用能力和研究能力。说课的难度大，人们对此经验又不足，必然会遇到问题，要想较好地完成这项工作，参与说课，解决遇到的问题，没有热情是无法做到的，所以要求说课者要有热情去参与说课活动。

情感是决定人的活动效率的重要心理因素。说课者只要化消极的情感为积极的情感，用饱满的激情、稳定的心境、满腔的热情投入到说课活动中去，说课活动必会结出丰硕的果实。

二、意志是说好课的保障

意志是人自觉地确定活动目的，并根据目的支配、调节自己的行动，克服困难，实现目的的心理过程。它对行为的支配和调节具有巨大的作用。意志在说课活动中的作用主要表现为两个方面。

1. 坚持力

坚持力也称毅力。它是指人确信行动的正确性而不懈努力，坚持到底的意志品质。坚持力的根本动力来源于人对事业的信心。说课者坚信说课活动会给教学质量的提高带来新的活力，那么就会推动说课者去寻找设备，查询资料，向他人请教，使自己的说课活动获得圆满的成功。

自立性是坚持力的重要特点。自立性这里是指说课者能独立分析情况，形成自己的风格，在说课中不墨守成规，努力创新，不断地提高自己的教学水平。

2. 应变力

应变力是指人根据不同情况做非原则性变动的能力。说课是新鲜事物，我们是在"摸着石头过河"，会有许多新的问题出现，会遇到许多新的障碍，这就要求我们凭借自身的应变能力，及时解决问题、克服障碍。

说课既是科学，又是艺术，随机性很大。如果说课者没有理论与实际情况相联系的较强应变能力，那么说课活动很容易陷入困境，再则说课者在说课中的角色与讲课中的角色不尽相同，这种角色的移位需要说课者迅速地适应，因此说课者应有意识地训练自己的应变能力。

认识、情感、意志三种心理要素互相联系。意志的产生是以认识为前提的，离开了认识过程，意志不可能产生。意志对认识过程也有影响，没有意志努力，就不可能有认识过程。认识是情感的基础，情感又是认识的动力。意志与情感也有密切联系，情感对人的活动起推动或支持作用时，情感也成为意志的动力，因此，要想说好课，说课者应具备良好的心理素质。

让你的说课语言充满魅力

语言，是思想交流的工具，是信息传播的载体，是心灵沟通的桥梁，是教师赖以工作的基本条件。而"说课"这种新的教研形式其最大特点就是一个"说"字，即将某课题的教学设计及依据向同行和其他听众讲清说明。可见，说课的要害在于语言。

说课同教学一样，既是一门科学，也是一门艺术。说课的艺术性在很大程度上表现为艺术语言的使用，尽管影响说课效果的因素是多方面的，但其中高超的说课语言艺术具有特别重要的作用。无论说案编写得多么完美，突破重难点的教学手段多么先进，但如果离开了生动的说课语言，课说得平平淡淡，就达不到预期的说课效果。

运用音调悦耳、简洁明了的说课语言艺术，能够提高你的说课效率，说课显著的特点在于说理。所以说课内容与说理的有机融合需要体现在整个说课中，同时还要保证说课的完整、层次清楚、重点突出，以及把握好说课的时间等。如何使听者听得明了，便于评说。精练高超的说课语言艺术的应用，显得尤为重要，这是达到这一目的的前提。

说课语言的运用还需有幽默感、节奏感，语调要动人、抑扬顿挫，切忌一个调子照念说课稿，语言速度和轻重要适当，要使听者从语言的轻重快慢中体会出说课的层次和内容的变化，给听者清晰、顺畅、明快的感觉，要调动听者的积极性。因为听者始终处于被动接受信息的状态，难免会"走神"。"走神"是听者在说课中常出现的而又难以解决的问题，说者只要在说课中把握住说课语言艺术的灵活应用，这一难题就会迎刃而解。

说课语言是教师语言的重要组成部分，在说课中占有重要的地位。尽管各种电教手段等多元媒体广泛运用于教学及说课之中，说课语言的作用却丝毫未减。为此，要提高教师的说课水平和说课质量，必须加强说课的语言艺术修养。

那么如何提高你的说课语言艺术呢？

一、加强思想修养

语言是思想的外壳，思想是语言的灵魂，思想决定语言。正如鲁迅先生所说："从血管里流出来的是血，从喷泉里流出来的是水。"缺乏好的思想，再好的语言也是无"根"之"花"。只有好的思想，出色的语言才会开花结果。因此，加强自身的思想修养是提高说课语言艺术的第一步。锤炼语言，需要先锤炼思想。首先，要爱岗敬业，热爱本职工作，立志献身教育事业。其次，要更新观念，正确熟悉说课这种新的教研形式在教改中的重要性。积极投身教改，主动参与说课。

二、加强知识修养

说课语言是教师知识信息的载体，说课语言优秀的教师往往都有着深厚的知识功底和广博的学识。

说课主要讲述的内容是分析教材、分析学情、介绍教学设计及其根据。因此，说课教师要提高自身的语言修养，首先应该熟悉大纲，钻透教材，创新方法。这样，才能在说课时胸有成竹，立足根本，有的放矢，抓住重点，突破难点。让说课语言在"稳"中开花。二是要懂得教育学、心理学等相关学科知识，以及必要的教育教学理论和规律。说课教师要说"一杯水"，自己必须具有"一桶水"，才能在说课中高屋建瓴，游刃有余，而不至于捉襟见肘，一叶障目，见木不见林，说课语言才能在这种驾轻就熟的宽松氛围中恣情发挥，"活"中求胜。

"积土成山，风雨兴焉；积水成渊，蛟龙生焉。"只要每个教师在说课实践中，不断地加强知识的学习和积累，不断地总结和完善，就一定会结出说课语言的丰硕之果。

三、加强心理素质修养

"每次预演都获得自己的掌声，大幕拉开却哑口无言。"这正是某些说课教师的真实写照。他们在说课前预备充分，信心百倍。而每当临场说课，则惊慌失措，言不由衷。造成这种情况，主要原因是缺乏良好

的心理素质。缺乏良好心理素质的教师是很难造就一口纯正的说课语言的，只有心理素质高的教师才能创造出语言的奇迹。

因此，提高教师说课语言修养，必须重视良好心理素质的培养。首先，加强自身心理素质的锤炼，以形成沉着冷静、机智果敢和遇变不惊的良好心理素质。具体地说，一是要树立起自信的旗帜。二是实践中可经常在一些公众场所或大的场合大胆讲话，或虚拟这样的场面发表演说，这是锤炼口才的重要途径，也是许多优秀演说家成功的经验。如古希腊的德摩斯梯尼，天天口含石子，面海而诵，终成演说大家。其次，良好心理素质的形成还来源于健康的心理、正确的熟悉及对说课对象的正确把握等。

四、加强语言技能修养

语言技能即使用语言的技巧和能力。它是语言艺术之本，是每个教师说课不可或缺的基本素质。离开它，教师的说课语言将无任何特色可言，任何语言艺术将黯然无光。因此，语言技能修养是十分重要的。

语言技能包括发声、用声、修辞等诸多要素，每个方面都提出了严格而具体的要求。为此，说课教师提高口语能力，必须加强语言技能练习，力求做到：①气息顺畅，发音正确。音准是语言的生命。②语音有轻有重，不平铺直叙，既不能"响彻云霄"，又不能"默默无声"。语音是语言的载体。③语调高低起伏，不"一马平川"。语调是用声音表现各种感情特性的最重要的技巧。难怪有人说："最佳语调是征服人的最先一步"。语调是语言的魔方。④语速舒缓疾徐，既不能"暴风骤雨"，又不能"更壶滴漏"；语气掷地铿锵，不以"响"制胜。语速和语气形成语言的节奏。⑤丰富词汇，增强遣词造句的能力。词汇是语言的骨肉。⑥善于运用多种修辞手段，让语言表达多姿多彩，魅力无穷。修辞是语言的装饰。此外，恰当的辅助语，得体的态势语，也将有助于语言表达的生动形象，是语言技能的重要组成部分，实践中应引起足够的重视。

要掌握以上说课语言技能，需通过以下途径：

1. 执著追求

对教育事业的热爱、忠诚和追求，是教师最基本的道德规范。育人

过程是一个十分复杂而繁重的过程。能否将下一代培养和造就成合乎社会需要的有用之才，教师要有巨大的付出。因此教师要在艰苦的教学实践过程中，始终保持旺盛的精神，不断深入地体会教学理论，锐意进取，精于业务，要把为新世纪培养高素质人才融贯于教学、说课语言艺术的研究之中，努力提高说课水平。

2. 博学模仿

模仿名家是改进说课语言、提高说课语言水平的重要方面，有些教师在长期的教学中，积累了丰富的运用语言的经验，如有诙谐幽默的、有声情并茂的、有逻辑严密的，等等，很值得模仿和推广。我们要多听优质的讲课和说课，从自身条件出发，有意识地进行模仿，并且还要在吸收别人经验的基础上加以创新。

3. 多讲多练

教师的语言是一种技术，更是一种艺术。曼妙、细腻、唯美、豪迈。要使自己的说课语言达到上述之艺术境界，必须经过长期刻苦的锻炼，在教学实践中不断地探索和提高。

实践证明，说课的语言艺术是决定说课成败的关键因素之一，精湛的说课语言艺术，绝不是一朝一夕之功，是长期坚持训练、不断实践的结果，也是教师各方面素养的综合体现。我们要在实践中敢于探索、勇于创新、不断完善，达到高超的说课语言艺术境界。提高说课语言修养的途径和方法，远不止此。但不管哪种，都需要一个漫长而曲折的锤炼过程。不可一蹴而就，立竿见影。只有勤奋磨炼，不懈追求，才能提高自身的说课语言艺术。

情感投入是提高说课质量的重要因素

情感投入是成为好教师的重要条件。说课质量的提高，除了受教师的知识水平、教学能力以及说课艺术等因素制约以外，还受到教师说课时的情绪影响。

奥斯特瓦尔德是德国著名的化学家。有一天，由于牙病发作，疼痛难忍，他的情绪糟糕透了。他来到书桌前，拿起一位不知姓名的青年寄来的稿件，粗略一看，觉得满纸都是奇谈怪论，信手便把稿件丢进废纸篓。等他情绪好转忆及此事，赶紧从垃圾篓中找出被抛弃的稿件，细读之下，发现是一篇很有价值的科学论文，于是他带着惊讶和愧疚，把这篇论文推荐给某科学杂志，该论文发表后轰动了学术界，而论文的作者就是日后的诺贝尔奖获得者——贝齐里乌斯。可以想象，如果奥斯特瓦尔德的情绪没有很快好转，那篇闪光的科学论文的命运就将在废纸篓里悲哀地结束，兴许诺贝尔奖获得者的名单中就永远见不到贝齐里乌斯这个名字。由此可见，情绪和人们的学习、工作及生活息息相关，情绪对人的影响实在太大了。同样的道理，教师的情绪也无时无刻不在影响着教书育人工作，这种影响体现在说课教学上尤为明显。

情绪具有动机的作用。可以看出，情感投入是成为好教师的重要条件。已有的研究表明，说课质量的提高，除了受教师的知识水平、教学能力以及说课艺术等因素的制约外，还受到教师说课时的情绪影响。在说课的过程中，教师的情感对于听课者来说，是导体，是火种。教师如果具备积极的情绪体验和乐观的人生态度，在说课中就能够做到表情丰富、态度亲切、宽容大度、循循善诱，这样的老师会让听课者同样体验到美好的情绪体验，让他们在听课过程中轻松快乐、如沐春风。

教师也有七情六欲，在说课过程中难免会产生这样或那样的消极情绪和不良心态，要消除这些不利因素，就要注意不断加强自身修养，培养出较强的承受能力，形成较稳定的心理状态，提高自我调节能力，使

自己的情绪既丰富又深刻且理性，从而不轻易受外界因素的干扰而出现剧烈的情绪波动，能时时刻刻以理性去观察、分析和处理问题。当教师能自如地控制和调节自己的情绪、能轻易地克服不良情绪、能时刻保持乐观自信的心态的时候，教师就成了情绪的主人而能随心所欲地驾驭说课，相信你的说课效果也随之大大提高！

那么作为说课者的我们如何做好情绪管理的主人？

一、建立情绪疏导机制，克服消极不良情绪

焦虑、抑郁、苦闷、紧张、生气等消极不良情绪虽然每个教师都会不可避免地体验到，但是要学会有效地疏导。正如古希腊哲学家亚里士多德所言：人人都会生气，但是在什么场合，用什么方式表达生气可就不容易了。中小学教师要根据自身情绪特点，建立起合理而有效的宣泄机制，不能把自己的消极情绪带入说课过程中。

有关研究认为如果教师不能建立不良情绪宣泄机制，不仅会影响自身的身心健康，还会影响到说课的质量，甚至影响听课者对你的客观评价，进而影响你的说课效果。

二、注意自我情绪调整

要有一点"酸葡萄"的心理，注意心情的自我调整。生活中，人们都会遇到不顺心的事情，这时就要注意自我说服、自我安慰、自我教育。在说课时可采用转移注意力的方法来进行情绪调整。注意力指向越集中，越不容易摆脱情绪的困扰，反而会加重这种感觉。试着将注意力转移，松弛一下高度绷紧的神经，就会降低负面情绪的强度，尽快从不良的影响中解脱出来。

三、自觉养成积极健康的情绪情感

大哲学家康德在十八世纪说过十分深刻的话：人们知道什么是真理不等于知道为什么这是真理，知道为什么是真理不等于知道应当怎样去做，知道怎样做不等于愿意并真正去做。因此，教师积极健康的情绪情感来源于其本人对一定价值准则体系的信念、热情；来源于其本人积

极、健康的人生态度；来源于其本人善于激励自己，也能够感染、鼓舞别人的乐观主义情绪。从教育机制上说，听课者的听课需要他们从情感上认同。有自己的感受体验可视作被听课者认可和接受的基础，需要在教育者与被教育者之间发生心灵上的沟通与相互承认和理解。教师有无博大的爱心，有无同情心，是否有公正、无私、宽容、接纳、善解人意等情感特质，都是教师人格的重要组成部分，教师可以独特的人格魅力极大地影响着听课者对其说课的评价和认同。

四、教师要坦然面对不良情绪

在现实生活中万事如意是不可能的。我们每个人总会遇到这样或那样的烦心事，产生这样或那样的不良情绪。在说课过程中，如果也产生了不良情绪，"心由境转，境从心生"，这就需要有毅力和自省力，要善于利用外界环境来消除这些不良情绪的影响。

五、教师要善于培养快乐的情绪

快乐如香水一般，当你洒向自己时，周围的人同样也能感受到它的芬芳。教师要培养快乐的情绪，首先就得学会沟通。教师一方面要不断地自己与自己沟通，要经常从不同角度审视自己，及时发现和消除一些不良情绪的影响，不断地进行自我完善；另一方面，还要学会与别人交往。在与别人交往中要学会大度，要有与人为善的诚意，不要过分计较别人的缺点，也不要要求别人尽善尽美，更不能以自我为中心。

为理解而提问

教学应学会为理解而教与为理解而学——理应为学生提供既有助于概念化、又能帮助他们找到可在课堂内外部同情境中运用的其他学习方法的教学。

问答教学策略是专为筹划和实施由有效提问组成的教学策略而设计的。该教学策略的重心是建构概念所必需的个体思维操作。问答教学策略主要用于帮助教师规划出能增强学习者的概念意识和概念理解的有效问题。

问答教学策略主张学习是一个过程。对学生来说，为了牢固掌握建构概念理解所必需的概念和思维操作，他们必须分享彼此的观点。能否成功地促成或调节教学对话，取决于教师对作为设计、陈述和评估教学的工具——有效提问的性质与功能的坚定认识。问答教学策略通过推动学生和教师参与能够接触和精简学生知识体系的思考体验，达到帮助双方参与教学对话的目的。教学对话让教师与学生有机会利用以可靠信息为基础的、集中的思维操作来交换重要概念。

我们从关于有效提问、理解性教学和儿童如何学习的研究文献中整理出各种学习原则，并在此基础上发展出问答教学策略。问答教学策略的构思以下面几个假设为基础：

记忆不等于学习，学习是学生为了建构深刻而又概括的理解，在有目的、有重点地实现知识的个性化和推广应用的过程中，利用自己的观点进行自觉思考的结果。

学习要求学生充分认识不同类型的思维操作，并了解不同思维操作在概念化过程中扮演的不同角色。

当学生在教师引导的教学对话中相互讨论他们的观点、分享他们的认识时，个体的思考能力也逐渐得到了发展、完善和监控。

为了使学生能够进行认知操作。教师和学生都必须参加有计划的、

以学生熟悉的内容为主题的思维操作练习。通过这种途径，学生能够专注和反思不同思维操作的目的和结构。

当学生对自身的思维操作知识充满了信心，并开始游刃有余地运用不同类型的思考方式时，内容知识便得到了增加。

在学生已经解释了某件事之后再运用支持性问题，这为学生提了一个相互分享推理过程的机会。一旦教师了解了学生是如何通过事物进行推理的，我们就有更多的机会确认他们的错误想法，帮助他们去除不正确的观点。尽管如此，只是了解不正确的理解还不够。我们必须走得更远才能帮助学生理解概念的关键特征，才能利用他们的信息修正他们的错误，也才能帮助他们认识自己的思考。学生时常需要带着更多的批判精神来考虑概念，而我们的问题能推动他们对学习的钻研。

换句话说，学习要求我们把所有注意力都集中在如何思考与思考什么这两个问题上。为了建构深刻、概括、有意义和切合主题的内容理解，我们必须充分认识或特别注意自己的学习过程。

学习取决于我们积极参与各种事件的能力，这些经历能磨炼我们的知觉、完善我们的思维，并且可以联结未知与已知领域。这意味着，作为教育工作者，必须掌握思维操作是如何激活我们的理解、理解又是如何要求我们完善自身的思维能力的技巧。为了发展和完善学生的思维能力，教学必须以学生熟悉的知识为中心。对学生而言，为了发展丰富的内容理解能力，他们必须熟练地运用和监控自己的思维操作。精心设计的问题能促进学生思维操作的发展和完善，并能唤醒学生的概念理解。

通过提问让学生掌握知识

多数学生更愿意接受信息的比较与对照，而忽略了观察，提问可以帮助他们解决这一问题。

问题的功能是指我们期盼学生会怎样回应我们的问题、要采取什么措施处理他们的回答或者该怎样引导他们思考问题、我们应该怎样让他们认识到要把有效提问当作学习的工具。功能同时也是在说明，作为提问者，我们在问学生问题时应具有怎样的言行举止。为了更有效地提问，我们必须了解自己期望学生怎样回答问题。为了能更娴熟地引导和完善学生的思考，我们必须仔细倾听学生说话，并在提下一个问题的时候，利用他们的回答来指引他们的观点与他们对自身思考的理解。我们越是能清醒地认识自己提的每一个问题与我们追问学生回答的方式，我们便越是能顺利地影响学生的思考内容和思考方式。

等待时间是完成教学对话的一个关键问题。如果我们期望学生整理出理由充分的回答，那么，我们就应当耐心地等待他们的回答。由我们自己来回答问题，或者是紧跟着先前的提问提下一个问题，中间不留任何空隙，这两种做法都会干扰学习进程。课堂教学期间的沉默往往是学生思考问题的一大契机。我们应当确保不要因我们的讲话而搅乱了学生的思考。

一旦学生开始回答问题，就必须给他们提供充足的时间，让他们意识到回答问题是一种责任。有研究提示我们，在问题提出之后、允许学生自由讨论之前，投入较长的等待时间，能够提高学生回答问题的频率与质量。如果一个问题足够重要，需要提出来，那么，我们等待学生回答的耐性也同等重要。因为在整个学习过程中，是学生，而不是我们必须展开思考和学习课程内容。作为教师，我们必须学会如何创造更好的课堂条件促进学习的开展。

在实施问答教学策略的过程中，我们已经发现，在引导学生思考时，最重要的是如何对他们的回答做出适当的言语和非言语反馈。这也

是"问题的功能"这个概念的另一个体现。问题的措词和提问的方式是督促学生参与教学对话的决定性因素。提问的措词应当是欢迎学生回答，或者是要求学生必须回答问题。同样，我们的肢体语言、在教室里的位置和手势语都应该用来鼓励或阻止学生回答问题。

我们坚定不移地坚持构建自己在课堂讲课期间的言谈举止。我们如何选择自己在环境中的位置所带来的影响、在学生中创立的互动模式、个人的手势，三者必须协调一致，才能促进有效对话的发展。与此同时，这三个方面也必须与我们的问题相互吻合。只有通过持续不断的练习和对有效提问的反思，才能完善我们引导有效教学对话的才能。为了推动学生之间的有效教学对话，我们也必须慎重考虑应该如何设计学习环境，如何利用自己的行为态度来影响学生对话。

提问要避免封闭式问题

学习在课堂对话中有建设性地、有意识地提问要求教师改掉那些容易给学生造成学习障碍的不良习惯。学习在课堂对话中有建设性地、有意识地提问，要求教师改掉那些已经与他们的学校学习经验难以分割的不良习惯。在观察尚未接触问答教学策略的教师时，我们发现，他们的课堂提问都具有一个特点——持续不断地问封闭式的问题。由于封闭式问题只需要学生简单回答"是"或"不是"。所以，如果教师真的想收获一个理由充分的回答，那么大范围地运用封闭式问题反而会适得其反，因为封闭式问题会伤害学生对自己掌握的知识量的信心，而且经常会导致教学对话陷入僵局。

许多教师并没有察觉自己倾向于用"能不能"、"是不是"、"会不会"一类的词开始提问。这种行为其实是教师从自己的学习经历中习得的，通过草率提问的习惯得到巩固的一种不自觉的习惯。提出封闭式问题是有效提问带动学生参与有意义的课堂对话的一大屏障。一旦意识到这些问题是强加在教学对话与学生学习上的教与学的障碍，教师便能更自觉地采用开放式问题为学生提供丰富的对话机会。

在这里，我们会介绍下列内容来帮助读者理解封闭式问题与开放式问题在课堂互动中的区别：

1. 关注开放式与封闭式问题的研究；

2. 我们对开放式与封闭式问题的研究过程的反思；

3. 一场分析开放式与封闭式问题的自学讨论；

4. 研究问题与建议。帮助读者研究如何运用开放式与封闭式问题。

当教师们开始努力改掉无效的提问行为，学习能让学生参与语言生产、思想表达的提问方式时，提问研究就变成了一场喜剧。教师必须抛弃的第一类无效提问，即封闭式提问。

我们的许多学生认为，问题的开头语无关紧要，无需精挑细选。你

可能也认为，为几个问题的开头语大费周折，毫无价值。然而，我们可以向你保证，根据以往的经验，封闭式问题会打击学生回答问题的自信心，也会阻碍教师了解学生生成答案的过程。

我们已经观察到成人，甚至是我们自己，经过了多年的有效提问练习，都在问孩子，"你能告诉我你的年龄吗？"在问这个问题时，我们知道这个孩子已经知道自己的年龄。不管怎样，我们会反复坚持通过要求他们确定他们是否知道自己的年龄，来要求这个孩子告诉我们他（她）的年龄。为什么？因为当问"你能告诉我你的年龄吗"时，这个孩子常常会沉默。我们假设是因为他（她）害羞。但实际上，有理由说是因为我们已经在暗示这个孩子，我们不确定他们是否能告诉我们答案。另一个流行的、针对儿章的问题措词是："你知道？？？？？？？"我们之所以问这个问题是因为知道孩子肯定知道，但措词中却透露出我们表示怀疑。

我们认为，封闭式问题被孩子们解释成我们不能肯定他们是否真正知道什么。这个孩子可能会把这样一种问题措词很好地解释成不需要回答的理由，因为答案很明显。绝不要问封闭式问题，因为它除了表达疑惑，其他什么也不能传达。试着问下面的问题，请用语调特别强调斜体部分的措辞："你能和我们分享你的故事吗？""你能和我们分享你的故事吗？""你能和我们分享你的故事吗？""你能和我们分享你的故事吗？"无论你怎么问这句话，你都在给孩子传递一个信息，即你不确定他（她）能回答这个问题。

我们也希望教师能高度重视这个问题，能意识到提封闭式问题会破坏探究学生思考模式的机会。当我们问："你可以告诉我一些关于你的房子的情况吗？"或者用其他方式替代这个问题的主题时，如果这个孩子回答"不"，我们就会失去考察这个孩子是如何回忆他（她）的房子的所有机会。如果他（她）回答"可以"，我们仍然必须问："你的房子像什么？"或者其他能提示孩子要用更多的词汇来描述我们提问的主题。这时，问题就出现了——既然一个表述清晰的问题就能解答一切，为什么还要问两个问题呢？

为了了解封闭式与开放式问题对学生回答的具体影响，教师能用来

启迪自己的唯一途径就是运用问题措词开展提问游戏，并且集中精力关注人们对不同的问题开头语的不同回答。我们已经发现，当教师重视问题的开头语时，他们便能迅速解决封闭式问题，在回答问题时不生成语言应用的两大难题。

教师的问题系统必须停止使用由"你知道"、"你能告诉我"、"你不认为"或者"你曾经历过"等词开头的问题，特别是当我们的教学目标是使学生理解主题材料和完善他们的思维时，封闭式的问题主干会引导学生判断是或不是，确定他们是否准备在思考答案之前便回答问题。

最出名、最夸张的封闭式问题，就是普遍被教师用来强调课堂重点或用来结束课程的问题："你懂了吗？"通过这样的问题措词，我们对学生的理解、了解了多少？我们认为他们准备说什么？我们希望他们说什么？最常出现的一种场面就是在我们问这个问题时，学生们都低着头，静静地坐着，尽量回避目光接触。我们为什么接受他们的沉默？为什么要用这个问题助长沉默的气氛？最好的情况是，"你懂了吗？"这个问题是在向学生彰显老师最后说的那件事很重要；最糟糕的情形是，它是在向学生传递这节课已经结束的信息。

可以要求学生展开交谈，并要求学生在回答问题时必须应用语言，且无需在回答前考虑"是"或"否"，以具有开放式主干的问题来取代封闭式问题。由"什么"、"怎样"、"为什么"或"以什么方式"等开始的问题，打开了学生的思考之窗，它们将引导学生留意回答问题时的语言应用问题。这些问题的主干不容许学生有选择不回答的权利。但是，它们能激发学生的思想，肯定学生的理解和认知操作。

在问"你多大？"、"你住在哪种房子里？"或"你的故事怎么有趣？"时，学生必须有一个明确的回答，或者保持沉默。此外，教师可以通过提问开放式问题让学生明白，他（她）相信他们知道答案是什么。学生会领会老师的语调。开放式问题的语调是一个肯定句。例如，在这个问题中，"你想起了哪些关于发现美洲的事？"无论教师强调问题里的哪一个词，所有的暗示都是学生知道答案，因而他们必须回答。

尽管如此，有时因为学生已经习惯了封闭式问题的主干，所以当老

师开始使用开放式问题时，他们往往不知道如何应对。由于没有不回答的选择，问题便对学生构成了威胁。遇到这种情况，教师必须让学生意识到问题措词的变化，并向学生保证提出这种问题并不是为了胁迫他们。教师也必须让学生知道，提出这种问题的目的在于让他们有机会分享自己的知识、观点及其对彼此的了解。一旦学生理解了开放式问题，并开始回答问题，他们就会渴望能参加教学对话。

开放式问题的措词与语调在向学生强调教师知道他们知道，剩下需要他们做的就是回答这个问题。在我们的问题中运用"什么"、"为什么"、"怎么"和"以什么方式"这样的词取代"能"、"会"、"可以"之类的词作问题的开头语，这样便开启了被"是"和"不是"限制住的回答，为学生开创了参与有意义的教学对话的机遇。如果我们希望了解学生是否在思考、是否在积极反思课程的重点，或者我们希望发现学生在教学之后学到了什么，那么，用开放式问题替换封闭式问题则是最重要的。

从"你懂了吗？"到"你今天从课上理解了什么？"的微妙转述，改变了这个问题的整个意向。拥有开放式主干的问题欢迎学生回答问题。它通过期待学生会与我们分享他们的个人看法，肯定了学生的知识。这种提问方式细微却又显著的变化能造就学生的天壤之别，即是使学生成为学习者，还是削弱学生的学习自信心。

微笑是课堂上最美丽的风景

微笑，在说课中是不可缺少的。因为微笑可以为教师创造出良好的说课心境，发挥出最佳说课水平。

雨果说："脸上的神气是心灵的反映。"从心理学角度看，人类的各种表情都是不同心态的表现，不同的精神状态就会导致出现不同的面部表情。同样，面部表情也能够制约和改变人的心态。

一个教师在说课时若能始终保持一种真诚的微笑，那么，他的心境就会一直处于轻松愉快的状态，从而使大脑皮层细胞兴奋活跃，不仅能够使自己储备的知识和准备好的内容出色地说出来，有时还可能"诱发"许多在说课设计时从未想到的新奇的灵感迸发出来，这就是人们常说的"临场发挥得好"。但如果一个教师在说课时板着脸，故意摆出一副庄重严肃的面孔，这种严肃冷漠的表情就会反作用于他的心态，使原来较为轻松愉快的心境变得紧张沉重起来，影响正常说课的进行。虽然是事先准备好的内容，却可能讲得干巴巴、漏洞百出，更别指望会出现较好的临场发挥。因此，只有无拘无束，放开手脚，轻装上阵，才能够挥洒自如、灵感纷呈。

由此可见，轻松愉快的心境是说好课的重要基础之一，利用"微笑机制"来创造一个轻松愉快的说课心境，对于教师是十分重要的。

此外，教师的微笑可以为听课者创造出良好的接受心境，提高听课的兴趣。教师亲切自然的微笑能够使听课者感到可亲可敬、平易近人，以至于由对你这个人有好感进而喜欢你所说课的内容，出现"爱屋及乌"的良性循环。这时，听课者会感到老师的声音悦耳动听，说课的内容生动有趣、精彩纷呈，进而产生浓厚的兴趣和渴望听课的迫切心情，以及专心致志的听课状态，当然进而也为你取得良好说课效果奠定了扎实的基础。

反之，如果我们表情过于严肃，"老阴着天"的话，就会使听课者

感到厌恶，以至于听课产生恶性循环。即使说得再精彩，一旦听课者产生反感的抵触情绪，那么他们也就不会认真听你的课了。所以说，作为一名教师，在说课中就应该很好运用微笑这一面势语，从而使你的说课得以顺利有效地进行。

微笑的魅力如此之大，笔者把它称作亮出你最好的"名片"。这种"名片"，不需要多么名贵的纸张，不需要令人头晕目眩的头衔，也不需要斑斓缤纷的色彩……

其实，微笑就是我们教师最好的名片。那么在说课中，面对同行或专家，我们如何来展示这张名片呢？

一、让微笑变成一种信念

教师一进入说课就需要抛弃杂念，甩开一切烦恼，集中精力，精神饱满地进入角色，事事站在听课者的角度思考问题，与听课者平等对话，以微笑面对听课者，让他们感到自己是被重视、关注的，从而也愉快地进入自己的角色。

二、让微笑展现你说课的活力

教师面带微笑地出现在说课课堂上，就会给你的说课带来生机，增添活跃的气氛，使听课者消除心理疑虑，有种亲热、容易贴近之感，从而很快投入到你的说课氛围中。

三、让微笑成为你的一种鼓励

教师在说课中的面部表情是对听课者心理影响起积极作用的主要手段。当教师面带笑容，迈着轻快的脚步走进说课课堂时，听课者会感到轻松、亲切，为下一步说课制造出一种愉悦的情境，对听课者的听课动机起到积极作用。当教师愁眉苦脸、心情沉重地走进教室时，只能让听课者也产生心理压力，进而影响其听课的效果，那么对你的说课效果就会产生消极影响。

四、让微笑成为提高你说课效果的良药

微笑是解决问题的良药。教师面带笑容去说课，带着快乐的心情说

课，不仅有益于自己的健康，还会把这种快乐心情自然地传给听课者。让听课者的心情也随之快乐起来，那么听课者就会感觉到你的和蔼可亲，感觉到你的亲和力，进而提高听课的兴趣，最终有利于有效达到你预设的说课效果。

第二章

掌握说课策略提高教学效果

倾听时只听不导

教育变革应该让每一位普通教师学会做"家常菜"——倾听，在自己的课堂中寻找"润泽"。

教师在课堂教学中只是充当一般的旁听者，或者在参与学生的对话时缺少对学生的专业引领。课堂上出现了学生喜欢说什么就说什么，学生说什么都有道理的现象。师生和学生间的对话内容只放不收，甚至对话内容游离于课堂主旨之外，学生因缺乏对教材文本的解读，缺乏从字词到内涵的深层体验，造成教学场面虽"十分热闹"，但学生的认知却在原有的水平上徘徊，最终导致对话的低效或无效。如在九年级的一节语文作文写作指导课上，教师采用了如下教学程序。第一个教学环节是教师向同学展示三则各约100字的阅读材料后，要求同学用一句话或名人名言说明自己的读后感。教师将学生说的诸如"不以物喜，不以己悲"、"世上无难事，只怕有心人"、"一分耕耘，一分收获"、"无限风光在险峰"等12个短语或短句一一板书到黑板上。同学们说完后，教师板书也结束了。可是教师并没有结合同学们的发言进行说明与引导，就将这些板书擦掉了，随后进入下一个教学环节。第二个教学环节是教师展示两则各约200字的材料，并问同学从中能获得什么信息。教师随着同学的发言，将同学们所讲的9个句子也一一板书到黑板上。同学们发言结束后，教师同样没有进行总结与分析就把这些板书擦掉，随即进入下一环节的教学，直到下课。这样虽然学生说出了许多短语或句子，却因教师没有进行必要的总结与引导，导致学生无法进行知识的内化与提高。这种听而不导的倾听方式其实并不能为教学主题服务。

首先，教师在理解新课程所倡导的理念方面出现了偏差，没有真正理解倾听的实质，没有真正把握新课程所提倡的"自主学习、合作学习、探究学习"等多种学习方式的实质。在操作过程中明知无效或低效也不知如何进行有效的引导。在理解学生与教师地位方面，只从表面

理解学生的主体地位的重要性，却忽视教师主导作用的重要性。其次，是有一部分教师没有把握好生成性教学的种种前提条件，没有认真备好课就走上讲台，因而对学生的发言无法做出较为准确的判断而有意回避，让学生自由漫谈而有意不进行引导。

倾听是一种主动的行为，倾听的核心是思考。教师倾听时，需要伴随着观察、辨别、选择的过程，需要在最短的时间内做出教育的决定，或是肯定后的点拨，或是以此展开的议论，或是片刻沉静中的回味、思索，或是借景抒情，借题发挥。因此，教师要加强对新课程、新理念的学习与理解，准确把握精神实质。虽然新课程倡导生成性教学，但预设是生成的前提，生成是预设的超越和发展。动态生成并非盲目生成，它必须围绕课程的教学目标来进行，围绕着师生的知识、情感、思想背景来进行。教师需要在系统研究教材内容和认真分析学生的知、情、意等的实际情况，以及对以往相关教学行为结果深刻反思的基础上，对教学过程进行规划和设想。在教学过程中，教师既要让学生发出自己的声音，又要以个人的经验丰富学生的思考，适时地引导学生讨论。使讨论更加焦点化。要将尊重学生的个性差异与思维的最优化相结合，将理解的个性化、独特性与理解的普遍性、有效性相统一，使学生获得一个比较正确的结论。

"听"这个字是由耳朵、眼睛、心与脑组成。

"我们天生以为自己有耳朵会听，但用心听、用脑子听，和只用耳朵听，差别很大。"卡耐基训练大中华区负责人黑幼龙如此说。

教育变革应该让每一位普通教师学会做"家常菜"——倾听，在自己的课堂中寻找到"润泽"。

"润泽"这个词表示湿润的程度，也可以说它表示了那种安心的、无拘无束的、轻柔肌肤的感觉。"润泽的教室"，教师和学生安心地、轻松自如地构筑着人与人之间一种相互倾听的信赖关系。

教室里我们经常会听到教师激情的音调："同学们，来，勇敢地说出你自己的意见！""你有不同的想法吗？""你一定能读得超过她！""来，把手举高一点。"这看似是"鼓励学生张扬个性"，可这样的课堂里，时间一长，学生不仅不会形成良好的习惯，获得丰富的知识，反而

会变得浮躁、自大、拒绝倾听、心灵闭塞。这是"润泽的教室"吗？我们究竟离它有多远？

　　"倾听比发言更加重要。然而，大多数教师却仍然以学生的'发言'为中心来了解他们的看法，而并不认真地对待'倾听'。""倾听学生的发言，如果打一形象比喻的话，好比是在和学生玩棒球投球练习。把学生投过来的球准确地接住，投球的学生即便不对你说什么，他的心情也是很愉快的。学生投得很差的球或投偏了的球如果也能准确地接住的话，学生后面就会奋起投出更好的球来。这样的投球般的快感，我认为应当是教师与学生互动的基本……"日本佐藤学先生的精辟之言，让人耳目一新，发人深省！是啊，在我们的教学活动中，有多少教师认真倾听了呢？多数的教师只注意自己的教学进度，并没去想准确地"接住"每个学生的发言，未能与那些倾心"投球"的学生的想法产生共振。因此，说授课过程中学生的"投球"纷纷落地的确是不为过的。还有更严重的是，有的教师自己没接住球还让学生去替他捡，像这样的互动如果持续的话，那么投不好球、投偏球的学生就会变得讨厌投球，甚至还会讨厌他们自己。

敞开心扉，中纳包容

教师真实的倾听，不是仅用耳朵在工作，更多的是心的敞开与吸纳。

倾听是一种智慧，它引领生命超越我行我素、自以为是的封闭；倾听是一种境界，它造就涵容万象、兼收并蓄的人生气度；倾听是一种思想，它涵摄着沉思默想、贯通物我的明达——教育中真正的倾听，是一种心灵美好的相互期待与相互唤醒。

美好的倾听，不是言语与耳膜的漠然的物理接触，而是内心追随着语言中潜含的情绪、思想、感悟，并细腻地有节律地舒张。如同贝壳在细致地吮吸着起落的潮音；也似木耳在谛听山间幽静的鸟鸣与涧声；如同树叶沉静地倾听阳光的细语与温谧……

教师真实的倾听，不是仅用耳朵在工作，更多的是心的敞开与吸纳，只有心灵才能发现外在肉眼及感官看不到、听不到、摸不到的最珍贵的东西。竖起心灵的耳朵才能抵达言词不断延伸的世界。

关于倾听的要点有以下几点：

一、教师"失聪"——缺少倾听的课堂

教师拒绝倾听学生的言说，或者有意无意地忽略了学生的言说，其结果使得教师失去了倾听学生的能力，这即是教师的"失聪"。教师失聪，孩子的思想火花可能被武断地扼杀，孩子的意愿可能被无情地剥夺，孩子的生命可能被无意地冷落。

1. 拒绝倾听

拒绝倾听，即是教师对于学生的言说视而不见，在剥夺了学生被倾听的权力的同时，也放弃了自己的倾听权利和义务。这种拒绝倾听的现象在教学中屡见不鲜。例如，课堂上，老师行云流水般地讲课："课文第五自然段让我们明白了人民大会堂的雄伟壮丽，我们把这一自然段连起来有感情

地读一读……"正当教师抑扬顿挫地讲课时，教室一角，一只小手高高地举起："老师，我有个问题！老师……"老师似乎没有看见，仍在声情并茂地讲着课文……学生的手越举越高，心情也似乎越来越急切，但由于老师的默然，那只举起的小手放下了，脑袋也耷拉了下来……

2. 片面地倾听

片面地倾听，即是教师有选择地倾听那些自己喜欢的声音，如可以维护自己的形象和尊严、满足自我成就感的言说，对那些有损自己的尊严和形象的声音则加以拒斥。教师的地位使得他们的言论及思想倾向可能成为学生的话语方向，因而有意无意地诱导和强迫学生发出能使教师愉悦的声音，但是这些并不是从学生内心产生的声音，反而充满了欺骗和谎言。它们既扭曲了师生的心理，也扭曲了教育本身。片面倾听的原因在于教师专注于自我，以自己的观点、立场来考虑学生的言辞，而不是以平等沟通的心态来倾听学生。

3. 虚假地倾听

所谓"虚假"，是指摆出了倾听的姿态和形式。但实际上却没有真正意义上的倾听。"教师打开了一只耳朵，接纳学生的声音，但却让它从另一只耳朵悄然流出，未能让这声音在自己的内心之湖激起任何涟漪，未能使教师的言行和态度发生任何与这倾听有关的改变。"更糟糕的倾听是这样的，教师连一只耳朵也没有打开，他只是坐在那里，让学生自说自话，没有针对学生的言说给予任何的反馈和评价。这样没有在教师和学生之间、学生和学生之间产生深层的对话，虽然有了形式上的倾听，实际上未对学生的认知和心灵的发展产生任何实质的影响。

例如，一位老师在上"敦煌莫高窟"一课时，为了让学生加深了解"敦煌莫高窟是世界闻名的艺术宝库"，设计了这样一个教学环节：

师：请同学们自由朗读课文第三自然段，想一想敦煌莫高窟中的壁画就只有这几种类型吗？

生齐说：不是！

师：那么你们想一想，敦煌的壁画中还有表现什么内容的？

（学生马上举手。）

生1：有小朋友在学习的壁画。

生2：有大家上课的壁画。

生3：有大人在烧饭的壁画。

生4：有大家到商店里买东西的壁画。

师：同学们，敦煌的壁画表现的内容有许许多多，45000 平方米的壁画让我们看也看不完，想也想不尽。

在这个教学过程中，教师听了学生的回答，并且作了总结肯定。

4. 错误地倾听

错误地倾听是指教师误读了学生的想法。"对于学生声音的内涵、方向和潜在意义，教师未能准确把握。他要么将'不是'听成了'所是'，要么未能听出这些声音中的象征意义，用语言学家索绪尔的术语来说，教师只听出了'所指'，但未能听出'能指'，他只满足于把那些能激起情感和思维泡沫的声音概念化，错过了泡沫掩盖下的真实的东西"。学生的语言所指称的东西犹如浮出的冰山一角，语言的大部分含义则是位于冰面之下，如果教师只关注浮出表面的冰山则可能忽略了"弦外之音"。

二、倾听的具体内容

教师倾听的根本目的是倾听生命和呼应生命。但生命并非抽象的生命，它具体体现在各种欲望、需求、情感、思想，体现在个体生命的差异和区别之上。

1. 倾听学生的欲望和需求

学生在教育生活中的欲望和需求往往不是通过他们的行为，而是通过他们的声音表达出来。它可能是一段叙说、一个句子或者一个简单的感叹词，以及一声呼喊和连绵不断地啜泣。对这些声音所表达的欲望和需求的倾听、理解和应答，就成了教师倾听的重要任务。

2. 倾听学生的情感

对学生情感动向和状态细致入微地把握，并及时加以协调和引导，是教育者成功的重要标志。一个善于倾听的教师，能迅速准确地从学生发出的各种声音中听出愤懑、悲哀、快乐和喜悦等各种情感，同时在教学上作出适当及时的反应和调整。

一个实习老师上完滥竽充数，让全班同学评说南郭先生，绝大多数同

学们都顺着老师的意，把南郭先生给批评了一通，最后有一个同学怯生生地站起来说："老师，我觉得南郭先生也不是一无是处的，要是大家都肯帮他一把，他就不会滥竽充数了。"课后，班主任告诉我们，这位同学就是班上的南郭先生，因为他学业成绩最差，没人理他，更没人主动帮助他。

3. 倾听学生的思想

一个具有倾听意识和习惯的教师不会满足于仅仅倾听学生的欲望和情感，他还善于倾听声音背后的某种思想和观念的萌芽，并尽量认可他们的价值和意义。当学生发现自己那些隐藏不露的思想被教师倾听并认可时，他们就与教师建立了更深一步的交往关系——思想上的交往。

4. 倾听学生的差异和区别

倾听始终是面向具体和特殊的生命个体的倾听。当各种声音汇集在教师耳边的时候，教师的任务是听出这些声音的差异，听出它们所反映的不同个性和人格。"异口同声"的课堂被一些教师和学生理解为是和谐的课堂，仔细思量之后会醒悟，没有异议的课堂是思维与灵性被窒息的课堂。

5. 倾听学生与他人之间的关系

作为正在社会化的人，学生的每一个声音，都不是纯粹自我的声音，不是自我对自我的反映和表达。他的声音总是处在与其他声音相互缠绕的关系之中。与其说学生的声音是自我的反映，不如说是对他人与自我关系的反映。因此，教师的倾听对象既是"具体的人"，也是这个"具体的人"与另一个或另一些"具体的人"之间的关系。

三、倾听的有效策略

倾听，是一种用耳朵来摄取信息的方式，但它不仅仅需要耳朵来听学生的言说，还需要全身心的投入和专注。倾听里凝聚着无限的教育智慧，倾听里有开放的理念、民主的态度，倾听里有尊重的姿态、现代的方式。

1. 接纳与平等

教师倾听学生，不仅是用耳，更是用心，用整个身心，不是把学生仅作为教育对象来接纳，而是把学生作为一个鲜活的生命来接纳。这种接纳也体现了一种真诚的平等和尊重，教师要用儿童的眼睛看世界，这

样才会与他们产生共鸣。通过倾听，教师领悟了学生首先是一个生命的存在，不是物质或观念的存在，相应地施之以对应于生命的教学方法。

2. 专注与耐心

当我们面对学生的时候，我们专注的神情、真心的倾听，是将一个生命的所有能量聚焦在另一个生命上，迸出生命的火花。教师要善于通过自己的目光、神情和倾听的姿态向对方传递一个信息："你所说的一切都是十分有意思的，我非常希望了解你的一切"，从而给予对方最大的、无条件的关注。

在课堂交流讨论中，教师要注重倾听学生的声音，哪怕是错误的声音。教师要在深沉的静穆中，坚持不懈地进入学生心灵深处，去倾听他们的呼喊和需求。当学生的见解、行为出现错误时，教师不能打断、制止孩子的话语，更不能取笑孩子，把自己的观点强加给学生，而要从学生的内心深处捕捉到他们的情感体验、知识能力的细微变化，鼓励他们再想一想，再说一说，用足够的耐心包容孩子。

3. 回应与互动

在课堂教学中，教师不仅要认真地倾听，而且还要适当地做出回应。回应的方式可以有很多种，一般常用的有下面几种。（1）认可，对学生所说的话表示已经听见，可以用点头或"哦、哦"、"说得对"等附和声，以及身体语言对对方表示及时的认同和鼓励。（2）重组，把受访者的话按照自己的理解的话重新组织一下，以便检查自己的理解是否正确。（3）总结，把学生的话进行归纳概括，一方面突出中心和主要的思想，另一方面，检验是否理解正确。（4）追问，指对学生所说的某一个观点、概念、事件或行为进一步探询。（5）自我暴露，教师就学生所谈的内容，通过述说自己的经历或经验作出回应，从而拉近双方的心理距离。教师要选择适当的时机予以回应，注意不要打断学生的话头。

佐藤学把倾听学生的发言形象地比喻为"和学生玩棒球投球练习"。"把学生投过来的球准确地接住，投球的学生即便不对你说什么，他的心情也是很愉快的。学生投得很差的球或投偏了的球如果能准确地接住的话，学生后来就会奋起投出更好的球来。这样的投球快感，我认为应当是教师与学生互动的基本"。

4. 理解与共情

倾听，不仅需要思维和智力的投入，更需要"有感情的听"和"共情的听"。教师在倾听的过程中，对学生的话语和情感要适时表露自己理解和认同的感情，并在情感上达到了共鸣，让学生感受到教师与自己同思索、同欢乐、同悲伤。

5. 鉴赏和学习

教师在倾听的过程中，应该以鉴赏的态度欣赏每一个独特的声音，这也是教师向学生学习的过程。童心是一个求索的世界，孩子对各种事物保持着浓厚的好奇与猜测；童心也是一个纯洁的世界，保留着人类的许多纯真品质。所以，在倾听中向学生学习是教师必要的态度，在反省自己的"倾听"的同时与对方进行平等的交流，与对方共同建构出对现实的定义和理解，实现着成人与孩子的教学相长。

更重要的是教师要学会倾听学生的内在生命尊严

日本黑柳彻子的《窗边的小豆豆》中写道，小豆豆因为"淘气"被迫退学后来到了巴学园，而见到了校长后的第一句问候竟是："你是校长先生呢？还是车站的人？"对于这样一个不礼貌的学生，校长竟然也是笑着回答"是校长先生啊"。而且这个笑着的校长开始聆听这个因"捣蛋"闻名而被迫转学来到巴学园的"坏孩子"长达4个小时的"倾诉"，直到最后"小豆豆绞尽脑汁地想啊想，但这回却是真的找不出什么可说的了"为止。而且，在这次长达4个小时的倾诉中，校长先生一次也没有打哈欠，一次也没有露出不耐烦的样子，还像小豆豆那样，把身体向前探出来，专注地听着，还不时地边听边笑边点头，有时候还问："后来呢？""已经没有了？"就这样，小豆豆感到平生第一次遇到了真正喜欢自己的人，从而产生了"能和这个人永远在一起就好了"的念头。更让人叹服的是，小林校长在那时候也和小豆豆一样，怀着这个想法。这是何等真诚而又细腻的倾听啊！让人感受到高山流水遇知音。正如美国教育家帕尔默在其著作中告诫我们的："如果我们想要支持彼此内心的生活，我们一定要记得一个简单的真理：人类的心灵不想要被别人'解决'，它只是想要被人看到和被人听到。人类的内心深处无不渴望着被灵犀相通的人来关注或回应，否则，就会感到枯寂与孤

独。"小林校长就是一位谙熟人性、明悉倾听意味的教育大师。在他身上，我们可以深刻而敏感地体味到：倾听就是一种爱。这种爱的含义正如一则寓言所解释的：爱情使者丘比特问爱神阿佛洛狄忒："LOVE 的意义在哪里?"阿佛洛狄忒说："'L'代表着倾听（LISTEN）。爱就是要无条件无偏见地倾听对方的需求，并且予以协助。'O'代表着感恩（OBLIGATE）。爱需要不断地感恩与慰问，需要付出更多的爱，灌溉爱苗。'V'代表尊重（VAIUEO）。爱就是展现你的尊重，表达体贴、真诚的鼓励和悦耳的赞美。'E'代表着宽恕（EXCUSE）。爱就是仁慈地对待、宽恕对方的缺点与错误，维持优点与长处。"

然而，我们的教育教学中缺乏的就是真诚的真实的倾听。留心观察课堂，可以见到许许多多关于倾听的生命元素流失的状态：

1. 心不在焉

在课堂中经常会发现这样的场景，教师提问时，许多学生纷纷举手，被点名回答的同学昂起胸脯很兴奋地说着。可是教师一会儿眼睛紧盯书本，一会儿目光游移不动，一会儿忙着在黑板上抄写中午的作业……或者，在学生回答的中间含含糊糊地发出一些"哼哼哈哈"的言词敷衍了事。而有些教师连学生说完了没有都不甚了了。等教师完成自己的教学准备后，轻描淡写地将刚才问题的答案说一遍，就继续下一环节的教学活动。至于那个回答问题的学生，则被不知不觉地遗忘了。

2. 拦腰截断

由于课堂教学是在一定的时间内活动的，于是，有些教师为了"节约时间""提高课堂效率"，总是在潜意识深处，要让学生能直截了当、简洁明了地回答问题。但除非是做选择题或是非判断题，否则很难如教师所愿。时间与教学任务的焦虑感让教师失去了倾听的耐心，他们常常迫不及待地打断学生的话语，很少去注意学生是否显得不安与不自在。

3. 断章取义，自作解人

如我曾经听过的一位教师上《幸福是什么》的教学片断。教师引导学生读导读要求：学习这篇课文，想想，两个孩子是怎样寻找和认识幸福的？再谈谈你对幸福的理解。在读后进行交流，同学们七嘴八舌地谈到（找出文中的语句）：第一个青年为人们治病，病人康复了，他感

到幸福；第二个青年十年间走了很多路，勤勤恳恳做了许多事，对别人有帮助，所以感到幸福；第三个青年在家耕地种麦子养活了许多人，对别人有帮助，所以感到幸福。接着，教师便向全班同学提出这样一个问题：结合你们自己的生活来谈谈，你认为幸福是什么？有的孩子说，幸福就是有一个温暖的家；有的说幸福是和爸爸妈妈在一起；有的说有母爱才有幸福；有的说学习是一种幸福；有的说帮助别人就是幸福……学生们的体验可谓五彩缤纷。可教师总结道：对，我们就要像文章中的孩子一样，因为，幸福就是帮助别人，否则一切都不幸福！

扪心自问，幸福真的只是这么狭窄吗？孩子们所说的教师听而不闻，那么幸福的感觉被书中的观点轻而易举地替代了。这就是在学生回答问题时，教师心中已经有了既定的答案，于是，孩子们讲得再有道理，再精彩，但是，与"我"不符则不理，与"我"相同就赞同，听其所听，不听其所不听。

居高临下的判断而非兼容并蓄的开放。马克斯·范梅南在《教育机智——教育智慧的意蕴》中剖析了这样的一种现象：对于孩子来说，他们常常发现，即使当成人询问他们的体验时，成人并没有真正地带着兴趣聆听。比如，成人问"你为什么这么做"或"你这样做究竟是为了什么"，但在这样问的时候很少是想给孩子提供一个倾诉的机会，成人已经在心里对孩子做了判断，这个"为什么"经常意味着责备孩子。如果孩子的回答成人真的愿意聆听的话，可能会促进成人对孩子世界的理解和思考。

诸如此类的"倾听"，在课堂中层出不穷。它使我们课堂生活的魅力与吸引力日渐衰减。马克斯·范梅南指出："被动地聆听还不足以令人满意；仅仅是开放性的、接受性的聆听还不够。只有当非判断性的理解的目的是为了培养孩子的自我责任意识、自我理解、自我方向感以及应该如何面对生活的时候，它才能变成教育学理解。"非判断性理解也具有某种意向性的特点。这样的聆听知道何时应该保持沉默，何处应该给予支持，以及如何提出一个问题，以便让双方分享的思想和感情的意义更加明了。因为，课堂不仅是"倾听"知识之所，更重要的应该成为互相"倾听"生命的内在尊严之所。

教师说课学会"察言观色"

观察是教师在教育学工作中常用的方法之一，观察能力的高低往往是一个教师综合素质的、整体能力的重要体现。

相信看过《福尔摩斯探案全集》的朋友都记得这样一个场景：在福尔摩斯第一次与华生见面时，就立刻辨别出华生是一名去过阿富汗的军医。福尔摩斯为什么能够那么快地辨别出来面前的这个人就是一名军医呢？是观察。敏锐的观察力使得福尔摩斯能够迅速地辨别出一个人的职业、经历。

观察力的敏锐程度决定了从一个人身上得到的信息的多寡。那么在说课活动中，作为说课者，只有敏锐的观察力才能尽可能多地更好地把握住听课者反馈过来的信息。

"对一个有观察力的老师来说，听课者的惊奇、疑惑、惊叹和其他内心活动的最细微的表现，都逃不过他的眼睛。"为此，我们在说课过程中，要有意识地让自己的目光和听课者的目光保持通畅的"对话"，将全部听课者的活动"尽收眼底"，把握他们的反馈信息。很多时候，仔细观察下，你会发现那或"闪亮"（对你知识的讲解方法非常赞同）或"迷离"（对你所讲知识的设计或许有些一知半解）的眼神。对你的教学设计是否接受、理解、赞同，对教学方法是否接受等，都"写"在了她或他的脸上，尤其是那双会"说话"的眼睛。从那眼神中，便可反馈自己说课过程中的正误深浅、难易快慢、详略疏密，从而迅速对自己的说课做出相应的调整。

为此，教师在说课过程中"察言观色"，要注重听课者的言行举止，尤其是面部表情和肢体语言，往往会在不经意间流露出相关信息，如果能够细心把握并在可能的情况下恰当处理，那么我们的说课可能会获益匪浅。

特别是说课环节中的答辩环节的提问，往往是听课者针对说课的薄

弱、不足、漏洞之处提出的，说课者务必要听出提问背后的话外之音并及时矫正、补救。那么，我们教师对此有什么启示呢？该如何培养自身的观察力呢？

一、观察要有目的性

观察力首先是要有目的地观察，要针对你想了解的方面，通过有效的倾听和提问，从听课者口中或神态中找到对你有指导的含义。这个需要进行对自己的口才和提问技巧的提高。而且事先要有所准备和归纳。

二、锻炼自己善于发现的本领

要在日常生活中多锻炼自己发现的本领。可以给自己锻炼一些小游戏，比如大家来找茬，就是要养成一种对周围事物的敏感。对与正常的不一样的东西都要留意，从中总结和摸索。通过一些枯燥的数字游戏也可以锻炼自己的观察能力。这是所谓眼的观察。

三、对听课者的观察要迅速而准确

听课者在听课的时候，其兴趣、情绪、心理常处于波动状态中。特别是在说课中，他们的情绪、表情常常呈多变状态。我们所说的内容如果他们能够心领神会，眼睛里就会有赞同之意，就会流露出兴奋、喜悦的表情。我们所说的内容如果他们不明白、不理解，就会皱眉蹙额，表现出压抑、疑惑的情绪，有的还会开小差、做小动作。甚至会窃窃私语。如果我们教师在说课中能够迅速及时地捕捉听课者瞬间的表情和行为的细微变化，采取适宜的应对措施，或适当调整教学内容，或稍作教学停顿，就能够改变说课气氛，及时把听课者的注意、思维引向说课的中心。否则，如果对来自听课者方面的反馈信息迟迟不能觉察、做出反应，那么说课效果就会大打折扣，也难以完成说课任务。

看得准，是教师观察的核心和采取正确措施的前提。要做到观察准确，教师必须把感官知觉和思维结合起来。这是因为感官接触的常常是事物的表层，只有通过思维，才能触及到事物的本质。所以有的心理学家把观察称之为"思维的知觉"。教师要做到观察准确，就应该具有一定的观察基础。在此基础上，教师才能对听课者在说课过程中的细微表情、动作及语言的变化进行合理分析、准确判断，并做出恰当的处理，取得较理想的效果。否则，判断错误，措施必然不当，效果必然不好。

四、对听课者的观察细致而深入

细致观察就是要能观察到听课者语言、行为、服饰、态度等的细微变化。有时仅凭一地一时的观察，很难真正了解听课者。所以观察除了细致以外，还需要深入，尤其应注意多场合观察。可在说课的课堂上，也可在说课前。观察的场合越多，获得的信息也就越全。

说课，不能忽视学法指导

说课应该注意加大对"学法指导"研究和实践的力度，将教学从艰辛的"教"过渡到轻松的"导"，使教学活动升华为"教为了不教"的理想境界。

作为教师，无论自己的课上得如何完美无缺，面对不尽如人意的教学成绩，我们往往大失所望，甚至悲天悯人，抱怨学生脑子笨、态度差、基础不扎实。之所以出现上述现象，是因为我们忽视了对学法的研究和指导。因为"教育的问题不在于告诉他一个真理，而在于教他怎样去发现真理"。法国政治家埃德加·富尔也说过："未来的文盲不再是不识字的人，而是没有学会怎样学习的人。"所以，教会学习，授以方法，由重"教"转到重"学"，已成为社会赋予当今教师的神圣使命。

对学生而言，一定的学习方法，实质上是能力与素质的表现形态。掌握科学的学习方法，就是具有对知识的学习能力、选择能力和创造能力，从更深层次看，这是一种素质。所以可以这样说，学法指导是使课堂教学进入素质教育领域的重要方面。

课堂教学的关键是培养学生的思维能力，思维的原生态就是方法，思维素质来自于方法（在学法中形成），又还原为方法（通过方法表现出来）。所以，抓住学法指导也就抓住了课堂教学的重要环节。

那么同样在说课时也需要我们教师不能忽视你的学法指导。是否重视学法指导，往往反映出教师的教育观念、教学水平和能力。忽视学法指导，就会导致说课气氛板滞；重视学法指导，则会提高你的说课效果。

所谓学法就是说出对学生学习方法的指导。如教学生怎样学会学习、怎样调动学生的积极性、怎样激发学生的积极性、怎样激发学生的兴趣等，并说出其理论依据。除展示所设计的练习外，还应说清训练的

意图。说学法也要说清三个方面。一要分析学生在教学过程中可能出现哪些障碍及原因；二要说清在教学过程中指导学生掌握何种学习方法；三要根据学生年龄特点和认知规律。说清准备创设何种教学环境和条件，来保证学生在 40 分钟内有效地学习。

作为教师，为了在说课中真正体现出培养学生浓厚的学习兴趣和良好的学习习惯，发展学生的智力，培养学生的创新精神和实践能力，全面提高学生的素质，那么教师就要不仅重视自己的教法，而且必须重视并加强对学生的学法指导，并把学法指导渗透到你的说课教学中。只有这样，学生才能真正实现由"学会"到"会学"的飞跃，老师也才能实现"教是为了不教"的目的。

"说学法"是说课内容的重要组成部分，是教师说课活动中的一个难点，也是检测教师在备课时是否摆正学生主体地位的主要手段。"说学法"要求教师既说学生用什么方法，为什么要选用这些方法和怎样运用方法，也说在课堂上怎样实施学法的指导，怎样使学法的指导渗透在学习活动中。说学法，要遵循教材的地位、特点及学生的实际需要。那么，教师如何把学法指导渗透到说课教学中呢？可从以下几个方面做起：

一、在说教学过程中要体现出坚持全过程和全面的指导

学生学习的各个环节是相互制约的，因此，在说课过程中，要体现出对学生学习的每一个环节都要加强指导，如果只在学习的某个环节进行指导而忽视了另外的环节，就难以取得理想效果。在说教学过程中，作为教师需依据本学科特点，征求学生的意见，结合学生的年龄特征，给学生制定如下学习流程：观察（质疑）—预习（了解）—听课（理解）—复习（掌握）—应用（巩固）。对上述每一个环节都提出几项具体要求，让学生按照要求去做。

另外，学生的学习活动还涉及态度、基础、能力、心理、环境等因素，所以学法指导必须对上述各种因素也要加强指导，使学法指导渗透到各方面，贯穿于说教学的全过程。

二、在说教学过程时，注重体现出针对学生特点和实际问题进行个性化指导

心理学研究的结果表明，小学生知识面较窄，思维能力较差，注意力不能持久。因此，在说课时要体现出对学生的指导要具体、生动、形象，通过典型事例，对学生进行启发和引导，侧重于具体学习技能的培养，使学生养成良好的学习习惯。比如观察能力是学生要求掌握的基本技能之一，但多数学生不善于观察，甚至不会观察。因此，在学习中教师需注重这方面的指导。

其次，学生的智力、基础、态度、接受力、理解力均存在差异，所以对不同类型学生的指导应有所区别。

三、说教学过程中，要体现出注重激发学生的学习积极性

这是对学生进行学法指导的根本目的，即改变学生的"要我学"为"我要学"。指导学生弄清学习的目的和要求，形成学习的内在需要，产生自觉的学习行为，产生学习的自豪感。成功的学习是学习进取的催化剂，在学习中，要鼓励学生实践，增加学生学习成功的体验，激励学生主动地学习。

四、学法指导应注意的几个问题

1. 要讲究民主，忌强迫专制

学法指导过程中，教师仅是个指导者，由于学生也有属于他们自己的学习方法，所以要给学生留出思考、尝试、选择的空间。非强制监督性的建议，更易于被学生接受，从而唤起学生的自主意识，做学习的主人。

2. 要有计划性，忌盲目进行

对学生进行哪方面的指导，在什么时间指导，都要认真考虑，要有目的性、计划性、系统性，切忌随心所欲，想到哪说到哪，否则不会起到应有的作用。

3. 要有耐心，忌急于求成

一个好的学习方法需要长时间的强化巩固才能形成。因此，教师在

这方面要有耐心，有针对性地反复强化，鼓励学生在学习中细心体会成败得失，总结深化。切忌急于求成，看不到效果就失去信心。

4. 要随机应变，忌呆板僵化

随着学习内容的不断拓展和学习程度加深，有些学习方法要不断调整、完善、改进、创新。而且学生的实际情况也是千差万别、不断变化的，这就要求学法指导也要发生相应的变化，切忌把某一种方法当成"万能钥匙"，否则学法指导很难落到实处。

发挥说课作用，提高教学效果

每位教师在说课时，不能忽视学生，必须把说课和说学情紧密联系起来，并贯穿于整个说课过程，落实到每一节乃至每一个知识点中。

说课就是授课教师把所讲的课的构想和设计说出来，它不仅解决了"教什么，怎么教"的问题，更重要的是它要求我们解决"为什么这么教"这一历来被忽视的问题。然而在具体的说课实践中，多数教师将说课的重点放在了介绍自己是如何把握教材的、采取什么教学方法、引导学生如何学、教学程序如何安排等，说出了教师个体劳动的全部过程，却很少说到自己教学行为的对象——学生，这不能不说是一个较大的失误。

说学情，就是要依据学生的年龄特征和认知规律，全面客观地阐述学生已有的学业情况和已经掌握的学习方法，为优化教学设计提供参考。它既可以与教材一起作为教学资源加以分析，也可以单独阐述。

说学情是说课本身的要求。说教材主要说出所授教材的教学要求、教学重点、教学难点、教学关键；再次要说清楚教材的前后联系及达到什么目的。笔者认为没有对学生现有知识水平、学习特点、思想趋向等切实认真的分析并准确把握，一切都是纸上谈兵、无的放矢。说教法主要说明"怎样教"和"为什么这样教"的道理。教法的选定除依据学科教材的自身特点与教师的特长外，不同班级的学生特点是非常重要的因素。一个教师用同一教案教两个班级，成绩不可能完全一样，其原因即学生情况不同，所以，任何教法的确定，必须把学情考虑进去。说学法是说如何指导学生的学习方法。如何激发兴趣，提高积极性，如何让学生掌握学法，这既要求教师因材施教、因势利导，更离不开对学生情况的分析。说课环节主要是说明教师教学设计的具体思路，也即先说什么、后说什么，程序的安排不但受教材本身特点的限制，还受教育对象的制约，没有对学生情况的深入了解，这个程序也只能是空中楼阁。

总之，每位教师在说课时，不能忽视学生，必须把说课和说学情紧密联系起来，并贯穿于整个说课过程中，落实到第一节乃至每一个知识点中。只有这样才能发挥说课的应有作用，提高教学效果。

为提高我们的说课效果，我们不能忽视说学情。那么就不得不进行深入的学情分析。究竟应该如何进行学情分析，才能得到客观准确的结果呢？笔者认为首先要明确分析的对象。

一、分析学生原有的知识基础

由于各学科是一门前后知识关联性很强的学科，所以老师在教授新知识时通常都会和原有的知识发生联系。因此老师要优先了解与本堂教学内容相关联的知识到底有哪些，学生对这些相关知识的掌握程度如何。因为这是后续选择如何引入例题的关键因素。正如案例中这位老师在教授实验1班时，对学生函数知识的能力定位偏高了，导致了例题选取过难。又如我们在教授指数函数时经常会选择用银行利率作为引入的实例，但如果学生的原有知识体系中对于存款利率并不知其所以然，那么用它引入就是不恰当的。所以必须先了解学生的原有知识基础究竟如何。

二、分析学生的思维特点和学习方法

如果我们了解学生的思维能力，那么只需在问题的关键处稍加点拨就可以推动学生进行有效思考，可是学生的情况并不总和老师的希望相吻合，老师只有了解了学生的思维特点才能制定出正确的教学方法。

三、分析学生在学习过程中可能会遇到的困难

实际的教学过程与老师备课时所预设的总会有一些偏差，当偏差在老师可掌控的范围内时，老师就可以沿用原本的设计思路进行教学，教学流程就会比较流畅自然。但当学生的现场反应与预设的偏差较大时，那么原本的设计方案就会不利于学生的进一步理解，如果教师处理不当甚至会阻碍学生的理解。所以老师在课前应当尽可能完整地估计出学生在学习过程中可能会遇到的各种困难，这样就可以针对每一种问题采取

不同的应对策略，让学生在每一个环节上都学习到位，同时也能让40分钟的课堂教学井然有序。

在明确了分析的对象之后，应该采用哪些手段和方法来获取相关的学生信息呢？可以从以下几方面入手：

（一）与原本教过他们的老师沟通交流

因为对一个学生的学情分析绝对不是一天、两天就能够一目了然的，就算是一个月、两个月也未必能够做到把握准确。而教过他们的老师与学生的接触时间至少也有一个学年，这样对于学生情况的总体把握总会有一些值得借鉴的地方。与前任老师的沟通交流可避免我们在接受一个新班级时对学生一无所知，同时也可以缩短了解学生学情所需要的时间。当然，这一方法只能解决老师对某些学生的概况有一个大致的认识，并不能非常准确地反映学生在每一个细节处的能力水平，同时要了解全面必须花费很大的精力，所以这一方法可以用于了解班级中比较优秀和比较困难的两类学生。

（二）要仔细分析学生的每一次作业和单元测试

作业和单元练习能够及时反映学生每一天或每一阶段的学习效果，所以老师们不要每次批改作业时只关注学生的答案是否做对了。即便是对的答案也还要关注他在解题过程中表现出的思维特点。比如有的学生做对了，而且思路清晰，细节周到；而有的学生虽然答案也是对的，但解题过程中东一榔头、西一棒槌，混乱不堪，甚至还会出现错误的过程得到正确结果的可能性。所以每一次作业、试卷的评析关键点在于要发现学生的问题所在，一方面可以马上进行更正，弥补学生学习过程中思维或方法上的不足；另一方面为后面需要用到这一块内容时，对学生的实际能力水平有一个准确的评价。

（三）可以对本章要用的旧知识进行摸底

当一个老师对学生原有的知识水平无法了解，比如说新生刚进入学校时，又比如说要用到的旧知识已经隔了很长时间，有的甚至已经淡忘了，这时为了更准确地了解学生的实际情况，老师可以在课前先设计一份小练习，把课堂上要用到的旧知进行归类摸底；再者，学生的知识能力也不是一成不变的，也许在学习了一段时间后，学生的内在表现已经与之前老师对他的外现判断有了误差，这时一份摸底练习就显得恰到好处。它可以获得第一手资料，客观真实地反映出学生当时的水平以及思维的特点。在此基础上设计出的教学内容、教学方法和例题选取才可能更有利于促进学生的理解。如果案例中这位老师在开设研究课前能够让学生做一份函数相关知识的小练习，就不会对实验1班的学生能力有过高的估计了。在整个教学设计上也许都会有所调整，从而更好地促进学生理解。

选对方法教好课

教师在明确说课的教学目标和要求后，恰当地选择怎样说教法对于说课来说是至关重要的。

有人说，莎士比亚剧中的哈姆雷特"有一百个演员来演就有一百个哈姆雷特"，此话在理，得到了许多人的认可。道理明摆着，每个演员都是根据自己对角色的理解来演绎剧中的人物的。同样是《风雪山神庙》中的林冲，大陆演员和港台地区演员在剧中的表演可相距甚远，但同样得到了许多观众的欢迎，这样的例子不胜枚举。虽然剧场和课堂有本质的区别，演员也不同于教师，但就演员与教师本身的功能特点来分析，还是有很大的一致性的，那就是必须以自己的演出或教学行为对观众或学生产生影响作用，从而分别达到不同的目的。可见，作为一名教师来说，也完全可以根据自己对"剧本"的理解来说课。那么，顺理成章，广受欢迎的戏剧舞台上纷呈的演技流派、不同的曲调唱腔，在说课中就应该表现为教师的个性化教学特色了。

在说教法时，教师应意识到教学有法而无定法。凡是受听课者欢迎，说课效果好的老师，都有着自己独特的教学风格，教学都有着自己的特色，在全面推进素质教育的今天，在大搞教育创新的时期，学校更需要有教学特色的老师。

何谓"教学特色"？教学特色主要是指教师在教学中所表现出来的独特风格，它包括教师的仪表、语言、教学方式和方法等与众不同之处。

教师的生活阅历、体质状况、性格气质、兴趣爱好、知识结构、思想认识、审美修养、文化底蕴、教学能力等的不同，会在说课教学中表现出个体对教材内容的理解、把握、处理的不同；对教学方法的选择、使用的不同，对施教对象的感受、情感、期望的不同，从而形成各具特色的教学风格。

大凡卓有成就的优秀教师身上，无不闪耀着动人的个性光彩。他们

之中，有风趣幽默、机敏睿智的诙谐型，有深沉稳重、缜密深邃的思辨型，有舒展流畅、大方自如的潇洒型，有清新自然、亲切感人的情感型，有洋洋洒洒、涉笔成趣的作家型，有开渠引水、循循善诱的导师型，有勤勤恳恳、严谨踏实的治学型，有博闻强识、学富五车的才子型……

为此，他们在说课中自然而然地就给听课者留下了种种深刻的印象，他们别具一格的教法，无不深深吸引着听课者……

那么在说课活动中，教师说教法时，也需说出自己的教学风格。这就要求教师需形成独具特色的教学风格。

一、要具有崇高的爱岗敬业的精神和真挚的教学情感

教师具有敬业精神，才会在平时的说课中刻苦钻研业务，认真分析每个学生的个性特征，对教学内容的处理、教学方法的选择、教学方案的设计、教学过程的组织做到一丝不苟，精心设计、斟酌，形成自己的教学特色。反之，教师在说课中不思进取，套用现成的教案或书中的东西，就会出现不考虑学生实际，千篇一律的教学模式。

二、要有坚实的专业知识基础

学识水平越高、业务能力越强的教师，越能正确地把握教材的重点、难点，处理教材更细腻，选择的教法更恰当。有厚实专业知识积累的教师，在说课中才能厚积薄发，得心应手，高屋建瓴，左右逢源。如若专业知识不坚实，应付说课尚且捉襟见肘，何有创新？何能形成自己的风格？时代的发展、知识的更新，对我们教师提出了更新更高的要求，教师必须掌握先进的教育理论和方法。

三、要博采众长，他山之石，可以攻玉

兼采众长、为我所用乃是明智之举。只有在一次次的教学实践中吸收他人精华，不断地锤炼自己，提高自己的业务能力，才能逐步形成自己的特点。如果故步自封、闭门造车、孤芳自赏、夜郎自大，则必然妨碍自身发展，或向着歧路发展，难以融入教学大潮之中。

四、要有创新意识

独创性是说课特色的灵魂。别人的经验，只有与自己的教学实际相结合，根据实际情况如班级、学生、学科、教材等形成自己一套教学方法与手段，才能形成自己的风格。一味模仿，不思创新改革，只能是鹦鹉学舌，难成正果。

五、要具有自己的个性

教学特色首先要有本学科的特色，如语文的优美与广阔，数学的简洁与逻辑，自然的实验与现象，等等，脱离学科教学特点的教法难以适应学科教学。其次是特色既然是一个教师所特有的，就要展现这个教师的个性，风格迥异，或稳健持重、儒雅整洁，或风趣幽默、自然流畅……

教学创新能营造出教师的教学特色，而每个教师的教学特色又推动教学活动创新和发展，所以我们每位教师在说课过程中都应做到形成有自己特色的教学风格。

提炼亮点，脱颖而出

一次成功的说课，一定会有其独特的亮点，会让人眼前一亮。

说课是近几年来在我国中小学各学科教研活动中日渐兴盛的一种较好的教研活动形式，是检验青年教师课堂教学效率、教学业务素质和教学科研水平的一条重要途径。通过说课能更真实地反映出教师的基本素质、业务水平和组织教学能力等。

那么在说课比赛时，面对众多竞争者，如何让你的说课脱颖而出呢？

这个问题就涉及了关于亮点的问题，我们只需要设身处地地为我们的评委老师想一想就很明白了：如果你是评委，如果你每天连续听一二十个人说课，连续听上两三天，而且差不多是说相同的课，再顽强的神经也会麻痹的。如何避免重复、避免雷同，让自己的说课有一些与众不同的地方而又不离谱——能够紧扣教学内容、教学目标和教学重难点，让评委们有一个耳目一新的感觉，让他们能够因为你说课中的"亮点"眼前一亮，你就算取得成功了。

说课要得高分，关键是要打动评委。说课教师凭什么打动评委？笔者认为唯一的就是你的说课亮点。如果你的说课创见能使评委眼前一亮，或心中一阵喜悦，那你就能得高分了。你的说课亮点当然不是说课时临时想到的，大多是你自己平时教学中的积累。但怎么说给评委听，一定是临时准备的。在准备的时间里，要多花一点时间去想你的创见怎么说、摆在什么位置说、怎么才能说透它、怎么才能打动评委。例如在2008年的某市高级教师评审物理说课考核中，有一位教师，对如何突破功是矢量还是标量教学把握得很到位。这本来是她能在评委那里加分的亮点。而且功是矢量还是标量问题，是这节课教学的难点，她应该把它放在教学难点这个地方连操作过程一起说透它。但她却把它放在说教学过程中，而说过程又说得面面俱到，独特被平淡所淹没，亮点失去了

应有的光辉。为什么要把上面的创见放在说教学难点那里说呢？因为评委在你说课的这段时间，开始时注意力会集中一些，如果你的说课不是很精彩，在你说教学过程的后面部分，评委的注意力早就涣散了，而这时你才去说你的亮点，容易被评委忽视。

因此，一次成功的说课教学，一定要展现出你说课的亮点。具体说来，你可以尝试着在课堂教学的开头语和结束语、在教学手段和教学方式等方面多下工夫，可以通过提问、讨论、竞赛和合理采用教学手段等方式来展现你的"与众不同"。

那么在说课中，哪些东西可作亮点呢？

一、心态良好

由于说课者面对的对象不是学生而是评委，评委又大多由本专业领域的资深人士担任，因此调整好说课的心态，克服怯场心理非常重要。说课者应具有稳定的情绪，抱有一颗平常心，不急不躁而又信心满怀，相信通过自己的努力，教学水平一定能得以充分地发挥。因此说课者必须有良好的心境。否则，无论准备得多么充分，也有可能发挥失常。

二、深挖教材

教材是教师说课的重要依托，说课质量的高低，取决于对教材分析的深广程度。简言之，就是要做到发人所未发、言人所未言，做到人无我有、人有我新。如果能挖掘出让评委教师耳目一新的东西，效果会更好。如，一位教师在说《背影》一文的时候，就以独特的视角对父亲穿着当中的两个"黑"字、三个"布"字作深入分析，以此突出父亲的形象，收到了很好的效果。

三、饱含激情

激情是一种迅速强烈地爆发而时间短暂的情感。巴甫洛夫说："科学是需要人的高度紧张性和很大激情的。"45 分钟的课常让教师始终充满激情有点困难，但说课比赛的几分钟里面饱含激情是完全可以做到的。激情能激励说课人克服胆怯，忘我投入；激情能感染听课人，营造

氛围；激情就像催化剂，能让教师的说课增光添彩，事半功倍。有位女教师在《背影》一文说课将要结束时，满含深情地朗诵起满文军的歌词《懂你》，收到了很好的效果。

四、巧用语言

说课语言可分为独白语言和教学语言，两种语言的使用是有区别的，也是有技巧的。

说课时使用较多的是独白语言，教材分析、教学依据、教法学法、过程叙述都要用这种语言。独白语言要用足够的音量，清晰地传入在场的每一个人的耳朵。语速的缓急要适当，语调的轻重抑扬要恰如其分，让听者从你的顿挫升降中体会出说课重点、难点和内容的变化来。

新颖有趣的课堂导语、简明扼要的结束语以及富有启发性的提问语宜使用教学语言，说课者要把听课人看成是自己班上的学生，语气要生动，有亲和力，力求感染学生，调动学生思维的积极性。同时把听者带入到你的课堂教学中去，未进课堂却仿佛看到了你上课的影子，推测到了你的课堂教学效果。

巧妙使用教学语言，目的就是要把精彩的课堂内容用最恰当的语言形式表现出来，达到"说的比唱的好听"的效果。

五、扬其所长

聪明的说课者总是想方设法把自己最得意的东西展示给评委，普通话标准的可以把说课语言表现得淋漓尽致，粉笔字漂亮的可以在板书课题时露一手，善于抒情者可以以情感人，精于设计者可以在教学环节的安排上别出心裁……总之，要"八仙过海，各显神通"，哪一面漂亮就重点"秀"哪一面。

让说课意外为你的说课添彩

说课中的意外实际上是对教师思维、知识、能力、素质以及个性修养的全面考验。

说课是一种极其复杂的创造性劳动，尽管教师在说课前已经估计了可能出现的各种情况，但在说课教学的过程中仍然避免不了出现一些意想不到的自身失误，如读错字（口误）、写错字（笔误）、说课遗漏或卡壳、听课者听不懂，等等。

面对这些自己意外出现的错误，我们教师不必慌张害怕，关键是冷静应对，不能强行掩盖错误，不必简单纠正错误，更不可将错误作"谬种流传"，而是要将错误变成一种难得的契机，充分利用它的突现性和吸引力，形成一种趋于正确方向的强大动力，最终化弊为利，变偶然的说课意外为生动的说课过程。当然，教师在说课过程中要尽量避免出现错误，即使出现错误需要采用上述方法，也应该做到巧妙自然、天衣无缝。

其实在说课过程中，如何处理突如其来的问题，是对教师临场应变能力的考验。如果问题化解得巧妙，不仅能使教师迅速摆脱窘境，保证说课教学活动的顺利进行，而且还会得到听课者的肯定；反之则犹如掉进了泥潭，不仅说课任务完不成，教师在听课者心目中的形象也会大打折扣。这实际上也是对教师思想、知识、能力、素质以及个性修养的全面考验。这就需要教师提高自身的急中生智的应变能力和左右逢源的语言艺术，将错误的消极影响减至最低，甚至化腐朽为神奇，化被动为主动，使无心之失转成有意之功，从而显示你的令人击节称赏的教学智慧。

一、重视说课教学预设，但不能让预设牵制说课活动

我们要关注生成，更要关注预设，预设是为生成服务的。预设，不仅仅是传统观念的备课，更是一种大预设和动态预设。钻研教材、了解

学生、设计教法是预设，学习教育理论和参与教学研讨也是预设，平时的阅读、爱好、生活都是预设。而动态预设，是指我们的说课方案要经过反复的实践和反思，增强说课的"预见性"。当然，我们的预设要做到"心中有人"，这"人"就是指听课者，要具备与说课有关的一切主客观因素，使说课教学设计有一定的弹性和张力，要为可能出现的"意外"准备充裕的时间，保证环节之间能够弹性变更，以沉稳的课堂心理素质和敏捷的课堂应变机智，随时准备即兴互动。

二、敢于实践，善于总结，不断积累经验，提高应变能力

在说课的活动过程中，必然会遇到各种各样的问题和实际困难，努力解决问题和克服困难的过程，其实也就是在说课中积累经验，提高应变能力的过程。

三、加强学习，以丰富、广博的知识为后盾

苏霍姆林斯基说："只有教师的知识视野比学校的教学大纲宽得无可比拟的时候，教师才能成为教育过程的真正的能手、艺术家和诗人。"教师应该使自己的知识如同泉水一样源源不断，才能在说课的过程中挥洒自如。

四、理智驾驭感情，做情绪的主人

面对听课者，哪怕说课的"意外"再怎么"意外"，都要理智地处理问题，绝不能采用硬碰硬的方式处理问题。所以一定要理智驾驭感情，控制好自己的情绪，做情绪的主人。

五、博采众长，多向其他教师学习

多听、多看、多学、多悟，多向经验丰富的老教师们学习，多向充满激情的年轻教师们学习，博采众长，弥补自己的不足。

六、加强语言训练，提高语言表达能力

语言表达能力不仅是教师应该具备的基本素质，语言还是师生之间沟

通的主要工具。所以，加强语言训练，提高语言表达能力是必不可少的。

七、以不断反思为手段

从某种程度而言，教师的教学机智是教师全部知识、阅历、智慧，甚至是教师人格的反映。所以，应该做一个反思型教师，不断总结自己工作的得失，从而提升自己的知识和人文素养。

说课预设之外的"意外"，对每位教师而言，其实都是一种严峻的挑战，挑战你的智慧，挑战你的教育机智。但在挑战你的同时，却又更多地让你在挑战中成长、成熟起来，让你在"意外"的挑战中变得更加敏锐，使自己能够用睿智的方式方法。在说课教学中演绎出一场又一场"意外"中的精彩。因此，我们应该坦然地去面对和接收，因为：说课中的"意外"，是上帝赐予我们教师的一份特殊礼物。

留有空间，让学生自主探究

说课要学会"留白"的艺术，如果在说课教学中适当地留有想象的空间，就会疏导"此时无声胜有声"的效果。

宋代山水画大师马远在画《寒江独钓图》时，仅画了一叶扁舟漂浮水面，一个渔翁独坐船头垂钓，四周除了几抹微波，几乎全是空白，但却给欣赏者留下驰骋想象的广阔天地，让人强烈地感到江面空旷渺漠、寒意萧条的气氛，进而渲染了渔翁卓然独钓的专注神态，真可谓"计白当黑"，余味无穷，以致成为千古名画。

唐代王之涣的"白日依山尽，黄河入海流"的诗句，明明写的是山水，但具体的山水描写却是"空白"，它省去了巉岩树木、汹涌波涛的细微末节，省去了山水的形象，然而其字面从容旷达，足以诱使读者去补充想象字面"没有"却又"能有"的气势非凡的意象，以致成为千古绝唱。

在报纸、杂志的版面设计中，文章的标题段落、图片之间，有一块一块的"空白"，这些空白用自身的素朴与洁白，默默地衬托着版面，以致板面有了一种整体的美。

那么教师说课与绘画、作诗、版面设计一样，也是一门艺术，也有个"空白"艺术的问题。如果在说课教学中适当地留有想象的空间，就会收到"此时无声胜有声"的效果。

心理学研究成果表明：人，天生好奇，渴望创造，尤其对未知的、神秘的、不可思议的事物，越不清楚就越想弄清楚、弄明白，因而说课上的"空白"，实际上是激发、调动听课者听课积极性的手段。

首先，在说课时留给听课者想象的空间能够控制你的说课节奏。适当地留给听课者想象的空间是说课张弛有度的一种体现，是紧张中的一种休息，是疏密相间的一种调节。懂得留有想象空间的教师的课会说得张弛有度、快慢适中，非常有节奏。一道题或一个片段上完，留下时间

给听课者静静地想一想，梳理思路，记录重要的知识。看看来时的路，望望前方，说课者和听课者对自己的每一步都会明白，进而双方都会保持清晰的大脑和判断。

其次，在说课时留给听课者想象的空间可以激发他们的思考，进而更加深入地沉浸在你的说课氛围中。在说课过程中，教师不需要把什么都讲深、讲透、讲出味，要留有一定的想象空间。否则听课者会寻找不着听课的乐趣，进而影响到你的说课效果。

亲爱的教师们，说课时懂得留有想象的空间是一种智慧，也是一种境界。国画讲写意，那么说课留白处正是笔未到意已至的美妙所在。

那么，在说课中怎样讲究"空白"艺术呢？

一、运用导语的空白，激发听课者听课的兴趣

说课导语是说课的序幕，它虽不是高潮，却很重要，可以用它来创造说课气氛，帮助听课者迅速进入说课课堂角色。它可以用一张有趣的图片、一个精彩的镜头或一组生动形象的语言等来做"引子"，将听课者带入情境，随后设置悬念，留下空白，等听课者进入最佳思维状态和求知状态时自然引入课题，这样可以收到比较理想的说课效果。

二、抓住文本的空白，引领听课者彰显个性

在有些教材中，特别是语文教材上面有许多优秀的文学作品，往往在笔墨未染处包含丰富而深刻的意蕴，在这些似乎"无"的空白中，渗透着极为丰富的"有"。因此，在说课中，教师应利用文本的空白引导听课者以鲜明的个性色彩和主动精神去积极思考你的说课内容。

三、利用语言的空白，引起听课者的注意和听课兴趣

教师在说课课堂上妙语连珠、旁征博引同然好，但人的注意力是有持续性的。教师一味地口若悬河往往会让听课者生厌分心，最终导致说课效果不佳。因此，教师应该善于在说的过程中适时、适当地停顿，设置空白。空白是教师语言的停顿，并不是对思维过程的中断。设置空白就是给听课者提供思维的时间，燃起探求的火花，牵引主动听课的心

理。如讲到关键处不妨留下空白给听课者主动思考，甚至在讲解的过程中，有些听课者"分心"而导致说课过程中出现"骚动"，这时教师也可留下空白以引起他们的注意。

四、运用板书的空白，帮助学生梳理文章内容，加深理解

板书是教学中必不可少的一种教学手段，通过板书能把复杂的内容条理化、简单化，使听课者能更直接、更明晰地明白说课者的教学设计意图。但是，如果在说课中对板书讲一点"空白"艺术，对某些内容故意不写或写得很略，给听课者留下思考的余地，听课者就会对内容产生好奇、求全的心理，进而进一步梳理一下自己的听课思路。

总之，说课作为一门艺术，应随着时代、社会的发展而不断改进其方法。为培养听课者的听课兴趣，应在说课教学中恰当留有一些想象的空间。大凡说课艺术高明的教师在说课教学过程中大多不会一泻无余或包办一切，而总是留有余地，留点"空白"，启发、诱导听课者的审美情思，真正做到言有尽而意无穷……

掌握节奏，提高课堂效率

说课的过程，就像弹奏一部乐曲，自始至终都要注意控制好节奏。

一提起节奏，人们会自然联想到音乐，因为节奏是音乐中不可或缺的要素之一。其实，节奏对我们人类各个方面都具有普遍性的意义，那么在说课中不但需要节奏，更需要掌握和运用节奏。

说课的节奏是指说课者说课时声音的高低和语速的快慢。说课时掌握好节奏，该慢则慢，该重则重，张弛有度，抑扬顿挫，不但能提高语言的表现能力，而且还能提高语言的感染力，从而优化说课效果。总的要求是，应用叙述的语调说课，中速，声音不轻不重。

在现实的说课活动中，有时会出现三种情况：一种是规定的说课时间到了，而课还未说完，于是出现了说课的"拖堂"；二是"前松后紧"，即说课开头时慢慢吞吞，没有时间观念，后来发觉时间所剩无几，而内容还有一大截未说，于是慌里慌张地突然加快语速，一句接一句，也不管别人能否听得清楚，最后匆匆忙忙，草草收场；第三种情况与第二种情况相反，就是"先紧后松"，开始时说得快，后来内容快说完了，而时间尚剩许多，说课者只好采用东拉西扯，或故意减慢语速，以期延长时间。这些现象都会严重影响说课的整体效果。

说课的过程，就像弹奏一部乐曲，自始至终都要注意控制好节奏。说课前应根据说课规定的时间，对各部分内容所需的时间大致作一个估算，以便心中有底，在具体的说课过程中，应尽量做到按计划时间说课，切忌脚踏西瓜皮——说到哪里算哪里。要尽量做到整个说课过程节奏统一、和谐，不慌乱也不紧张，在规定的时间内有条不紊地说完该说的全部内容。

笔者认为说课节奏应包含两个大的方面：一是在一个标准课时内，重点要讲述的内容在时序上的合理安排；二是在说课过程中，语速、声调、声强的变化和情绪的感召。这就要求我们老师除专业学科外，必须具有生理学、心理学、审美学、统筹学、语言学、教育学及社会学的相关常识，此外，还应具备一定的演讲口才和艺术语言的台词功底。其实，这就是作为一名当代老师应有的综合素质。如果我们每一位老师都能朝着这个方向努力，那么，我们的说课才会充满着活力并焕发出特有的艺术魅力。

那么如何才能做到说课节奏适当、明快？

一、说课的内容详略要得当

说课内容的详与细是影响说课节奏的首要因素。说课的时间只有10—15 分钟左右，但说课内容却很多，如果要面面俱到，"眉毛胡子一把抓"，说课的节奏就不分明，甚至会时间不够。在这种情况下有的教师就会草草结束这节课的说课内容，那么这节课的说课效果也就可想而知了。有的教师会采用拖延时间的方法，但说课的时间过长就不会符合说课的基本要求，笔者认为只有分清说课内容的主次，区分详略、轻重，既顾及一般内容又突出重点，也就足以"轻妆淡抹"与"浓妆艳抹"相兼，才能产生良好的说课节奏。要做到这点，教师必须在说课设计这个环节上下工夫，做说课设计时要找出重点、难点，考虑到各个环节的内容在说课中所占的比重，详略比例要适当；在说课时要根据内容的主次，使用不同的教学手段和时间。对重点、难点要灵活运用教学方法，说深说透；对一般内容可以话语简洁，一带而过。

二、教师语速的快与慢

教师在说课过程中语速的快与慢是说课节奏最直接的体现。教师说课时语速应快慢结合、错落有致，说得太快或太慢都会影响说课效果。如果教师在说课时，语速过快，频率过高，在短时间里，听课者会一时难以接受，但如果语速太慢，重复过多，听课者的注意力也会分散，也不会产生良好的说课效果。语速的掌握没有什么规定，通常应根据说课内容具体而定。一般来说，大家所熟悉的内容可以讲得快些，生疏的内容语速要慢；讲一般内容时要快，讲重、难点内容时要慢。

三、语调的强与弱

所谓语调，主要指教师说课时声音的高低起伏。教师的语调"高八度"，拉开嗓门一个劲地喊，听课者听之刺耳，闻而生厌；语调轻而沉闷，则会给听课者以压抑感，犹如催眠曲，使听课者昏昏欲睡，提不起精神，注意力也不易集中；语调平淡无味，缺乏抑扬起伏，显得过于呆板，听课者也不感兴趣。总之，教师在说课过程中语调要高低兼用，强弱结合，要做到"高低起伏，抑扬顿挫"，才能引起听课者兴趣，提高说课效果。

四、说课时间的长与短

时间如流水，一去不复返。一节课只有 10—15 分钟，遗失了这个说课时间，就等于没了说课的节奏，就必定会影响到说课的质量和效率。所以"分分秒秒急煞人"。作为教师，就要充分利用好这分分秒秒，从而取得最佳的说课效果。

影响说课节奏还有很多方面，作为一名教师，我们应在自己的工作岗位上不断地去实践、去探索、去研究，才能把握好说课节奏，从而提高说课效果。

提高说课的有效性

教师需注重说课的有效性，避免说课读讲稿，防止把说课变成教学过程的"流水账"。

说课是一种深植于教学过程，有厚实的实践基础和巨大的实用价值的教研活动。它对推动教师理论学习、深化教学改革、落实教学研究、促进教研结合、改进课堂教学、提高教学质量，具有非常积极的作用，是快捷、有效地提高教师教学能力与水平的重要手段。随着新课程的推进，如何提高你的说课有效性，成为当前我们所关注的重要问题。

注重提高你的说课有效性能够更新你的教育理念，要求教师要以现代教育教学理论为指导，确立素质教育的观念，依据学科课程标准的要求、教材特点、学生实际来设计教学。并将如何处理教材、处理教与学关系的理性思考，将教学内容中蕴涵的品德教育、审美教育、良好行为习惯养成教育，以及所运用的教学原理等，在较高的理论层面上阐述清楚。

注重提高你的说课有效性能够营造更浓厚的教研氛围。说课活动把"说"与"评"紧紧结合起来，让说课教师把静态的个人备课转化为一定范围内动态的集体讨论，形成一种教学研讨的气氛，促进教学与研究结合、理论与实践结合，起到以"虚"带"实"，共同提高的作用。说课所阐述的教学设计往往带有创新的研究成果，可供其他教师参与借鉴。同时，大家评议、交流、切磋，可以为学校提供实用有效的教研平台。有效的说课所营造的教学科研氛围，有助于引导教师积极参与教学研究，具有很好的导向作用。

说课活动不但是说课教师个人的独立表演，还是听说者共同参与的，内容具体的、贴近教学实际的教研活动。"说"发挥了说课者的作用，评议又使教师群体智慧得以发挥。说课者要提高自身的说课有效性，就需努力寻求先进的教育教学理论指导，把自己的才智展示在大家

面前。评议者要努力寻求说课教师的特色与经验的理论依据，自觉地进行换位思考。说评双方围绕着同一课题，各抒己见，交流互动，相互启发，各有所得，优势互补。这不仅锻炼了参与说课评课者的教学能力，更促使教师在理论与实践的结合上有所提高。

我们知道说课没有僵化的模式，其内容不必包罗万象，应有所侧重，详略得当，洋溢出教学理论素养。为此教师就需注重说课的有效性，避免说课读讲稿，防止把说课变成教学过程的"流水账"。

要提高说课有效性就需做到：说教材起点要高、说教法要有新意、说学法要灵活、说教学程序要精练。

一、说教材起点要高

教材是进行教学的评判凭据，是学生获取知识的重要来源。为了把握好教学目标、教学重点、难点，教师要站在高点，俯视教材。即教师说教材起点要高。任何一门学科，都有一个相对完整的学科知识体系。每节课的内容都是这个体系中的一部分，教师除了准确说出本节课的内容、包含哪些知识点外，还要准确确定本节课内容在知识体系中的地位、作用和前后关系，深入了解教学大纲对本单元的要求，从而准确把握大纲对这节课的要求，这样，本堂课的教学目标、重点也就可以准确确定。同时结合学生认识水平制定出本课的教学难点及突破方法、手段。教师只有站在高点，制定的教学目标也才能全面、适当、具体。

二、说教法要有新意

说教法包括说教学方法、教学手段、教学媒体的运用。具体内容包括采用的教学方法及依据，教学媒体使用的具体细节和所要起的作用。教师在熟悉教材的前提下教学得法往往可以事半功倍。为了很好地把素质教育落实到课堂上，在教学关系上，必须突出学生的主体地位，即学生自身发展的主体，其自主性、能动性和创造性应当充分受到尊重，给予其展现的机会。在教学方法上，必须体现教与学的交融，重视教法与学法的相互转化。教师的教是教学生去学，教是为学服务的，教是为了"不教"。在教法的具体选择上要准确、具体，要有新意，传统的一支

粉笔、一本书的教学方法既难以吸引学生，又难以体现以教师为主导、学生为主体的原则。在说课时要说出符合本课教学的有新意的教学方法。如通过各种媒体的运用采用启发式教学、讨论式教学等。只有教法新颖、得当，教师才能有条不紊地施教，学生也才会兴趣盎然地受教。当然教法有新意不是要教师一味求新、求异，教师要从教材的实际出发，从学生的实际出发，遵循学生掌握知识过程"由浅入深，循序渐进，由感性到理性"的认识规律。总之，"教学有法而无定法，贵在得法"，教师必须找准出发点，采取切实可行的教学方法，从而实现教学所要达到的目的。

三、说学法要灵活

说学习方法，重点要说出如何根据学生的知识基础和生活经验及能力等情况制定学法，以及制定依据、具体安排，教给学生哪些学习方法，培养学生哪些能力，如何激发学生学习兴趣，调动学生的学习积极性。由于班级学生的基础各不相同，学习态度也各不相同，只有学法灵活、合理，才能激发学生的情感和思维，调动学生学习的积极性，学生也才会兴趣盎然地学。在说课时说出如何树立面向全体学生的思想，实行分层优化，采取建立帮带小组，实行小组讨论等方法，使优等生能吃好、中等生能吃饱、差等生能吃了。采用灵活的学法同样要遵循理论联系实际的原则，以及传授知识和发展能力相结合等原则，做到"主体参与，分层优化，及时反馈，激励评价"。

四、说教学程序要精练

说教学程序是说课的重点。就是说说你准备怎样安排教学的过程，为什么要这样安排。说教学程序要精练，要体现科学性，循序渐进，不要过于烦琐。要与流水账式的条款罗列区别开，作为说课的重点，说教学过程要精而不简。一般来说，应该把自己教学中的几个重点环节说清楚。主要有新课的导入、课题的提出、新知识的展开、重点训练、巩固练习、课堂小结、作业布置、板书设计及时间如何支配等。在几个过程中要特别注意把自己教学设计的依据说清楚。如何突出重点、突破难点

以及各项教学目的的实现，教学过程中双边活动的组织及调控反馈措施，教学过程的每一个环节对整个说课的效果都有很大的影响：新课导入的启迪性，课题提出的衔接性，新知识展开的循序渐进性，重点训练的有效性，作业布置的合理性，板书设计的巧妙性等。

此外，说课有时还要说疑，对于教师在备课中自己拿不准的疑点，在说课前要虚心地求教于其他教师，在说课中敢于说出自己的疑问，共同探讨，从而提高教学效率。一堂好的说课，从教育学到心理学，从语言表述到整体结构的构思，都提出了很高的要求，要做到这些，并非易事，还需要认真学习，深入研究，不断探讨。

五、说课，个性是最大的亮点

世界上没有两片相同的树叶。个性是一个人的立身之本，人的才华通常是由人的个性表现出来的。从某种意义上说人无个性必平庸。

说课，是一种课堂教学行为，是说课者用口头语言对自己的教学设计、设计意图、理论依据等内容进行分析和说明的教学行为。它可以是说课者在课前对自己的教学设计及隐性的意图等进行必要的诠释与说明；也可以是说课者在课后对自身的教学进行科学的梳理或反思。说课用途颇广，既可以用来进行教学研究，又可以用来评价说课者的教学水平。

实践证明，说课活动不受时空和参与人员的限制，简便易行，便于操作。对于说课者交流自己的教学设计，进行教学反思，提升教学智慧，提高教学能力，特别是对执教者剖析课堂教学行为的得失，对参与教师加强教学研究，起到了不可或缺的作用。

那么，在新理念下如何让说课真正发挥出它特有的研究和评价功能，从而揭开蒙在它面庞上的神秘面纱，提高其实效性呢？笔者认为最关键的一点，就是要在注重实效的前提下，让说课亮出其个性特色，彰显其极富创意之处，反思其与众不同之处，唯其如此，方能给人耳目一新之感，焕发生命活力！

众所周知，说课可以说"教学理念、理论依据、教学目标、重点难点、学生情况、教学实施、板书设计"。在说教学实施时，又可以说

"教师引导、学生参与、教学生成、问题解决、突发事件、个案学生"等；说教学反思时，可以说"教学效果、受到启迪和存在问题"等。课前说教学设计，一般情况下是对静态设计的诠释说明，而说教学实施、说教学反思则是对动态过程的考察。前者着重体现执教者的设计和理论水平，后者则重点体现了执教者的反思实践能力。

不管是课前说课，还是课后说课，要说的内容固然很多，但笔者认为，最关键的是在说课时要避免模式化。不管哪一种说课，也不管说哪一个方面，一定要做到重点突出，一定要注意把能体现本节课个性特色的元素充分展示出来。这样才能令倾听者更好地了解所说课的特点，说课才能发挥其特有的功效！那么如何让自己的说课体现出个性特色呢？

（一）述说最具"创意之处"，彰显课的个性特色

每节课都有每节课的特色，如何把一节课的最具创意之处说清楚，是能否突出特色的关键。上述说课，紧紧围绕此节作文指导课的最具创意之处，抓住了"想象途径的变化"、"指导模式的变化"这两个特别突出的"创意"，进行了具体述说，展现了本节课的特点。

1. 抓住"想象如何与生活紧密联系"，突出创意

以往指导学生写想象作文时怎样跟生活联系是写想象作文的一大难点。在说课时，通过写第一个突破"引导学生关注生活，发现生活中的问题，由此展开想象更易激发学生的想象欲望，更容易引导学生写出与生活密切联系的想象作文"。让想象与学生的生活联系，强调的是在认知过程中个体生命的感性参与，体验自我的生命内涵，探究生活世界的意义和个体存在的价值，从而完善自身素质和提升生命质量。还可以为学生提供广阔的认知视域和多维的思维空间，从而充分培养学生的自主意识、想象能力和创新意识。由生活展开想象，这也是引发学生想象的一种方法。

2. 抓住"指导课模式的变化"，突出创意

说课的内容有很多，但要突出一节作文课的特色，就应该删繁就简，筛选出最富创意、最能体现本节课特色的主流内容来说。前边的说课抓住了"指导课模式的变化"，突出了此课的特点。在述说这一变化时，运用了对比的策略，通过新旧两种指导模式的不同对比，探寻了指

导课模式的真谛。通过说这一突破点，让研究者就能很好地领悟到新的指导方法。其实，指导课的模式也是指导学生写个性化作文的一个重要方面。特别是作文指导课，要创新是比较难的，本说课即把最具创新之处清楚明白地说了出来，让听课者不仅了解了新的研究成果，同时也从中可以引发更深的思考。

（二）选取与众不同的"着力点"，凸显课的个性特色

一节课要展现出来的内容很多，但每节课都应该有一个要教师下工夫的着力点。同是教《我想发明……》这篇作文，可能每个老师在指导课上的着力点会各有侧重，我们在说课时就要抓住自己与众不同的那个着力点，做深度剖析和晾晒，让它的独特魅力摇曳出创造的欲望和企盼。

教师说课如果抓住了"引导学生写出富有个性的想象作文"这个着力点，围绕这个着力点，由"理念"到"问题"再到"问题解决"一气呵成，主题鲜明，条理清楚。没有面面俱到，而是选取了最具特色的核心价值内容进行剖析。说理念部分，先说出了本节课要落实的主要理念，接着围绕这一理念指出在落实这一理念时要解决的一个主要问题，最后围绕要解决的这个问题，谈出了解决问题的具体实施步骤——"两个突破"。此说课始终围绕"怎样写出富有个性的想象作文"这一主题展开，特色鲜明，与众不同之处说得特别突出，说课的三个板块"理念"、"问题"、"问题解决"，层层推进，条理清楚，特点鲜明。

另外，要想说好课，要想说出课的特色，必须做到理论与实践相结合。不仅在说学什么、怎样学中需要理论指导，在说明理论依据中更需要从教育教学理论中寻找理论依据。理论与实践结合，也许更能突出一节课的突出特色，其研究价值才会更大，最终才能让说课的魅力彰显出来。

当然，说课的角度有很多，不管选取哪一个角度说课，只要能展示出课的个性特色，就很有价值了！

说课对教材的处理要独到

教师说课，对教材的处理要有独到之处。通过说课，能明确地说出自己教学的意图，展示出自己个性化处理教材的方法和目的，让听课教师更加明白应该怎样去教，为什么要这样做。

教师说课必须依据教材，教材是教师的好帮手。但在说课活动中，如果一味地按照教材进行说课的话，可能很难将你的说课水平发挥到极致，说课效果自然也不见得好，所以这就要求我们对教材的处理要有独到之处。

传统的教学强调"教师应紧扣教材"，而新课程标准强调教师应当根据具体的教学对象、环境及个人的个性特征创造性地处理教材。小则改变例题的呈现方式，大则对教材进行适当的删减，包括适时突破教材。

因此许多教师在进行说课设计时，都考虑对教材动一动，甚至有人认为一节课如果不对教材进行处理就不是一节好课，于是就一味地追求动教材，以至于舍本逐末，把一些教材中很好的内容处理得支离破碎，甚至违背了知识的基本结构。

我们知道教师、听课者、教材是构成说课过程的三要素。一个说课过程要取得最佳效果，作为说课主体的教师必须充分发挥主导作用。教师的主导作用，说到底就是有独到之处地处理教材。我们常常看到这样的情形：如果教材处理得具有独到之处，就会让听课者为之眼睛一亮，那么教师在说课过程中则说得轻松愉快。因此教材处理是否具有独到之处是说课能否成功的一个关键因素。所谓处理教材，指的是教学内容的取舍，教学方法的选用，教学重点、难点的确定，教学过程的安排，等等。一言以蔽之，就是教什么和怎么教的问题。

对教材的处理，是说课策略的重要环节。在说课过程中，不仅要对教材认真处理，还需具有独到之处。应做到不是在说教材，而是在应用

教材，把教材在说课中盘活。教师除了认识到教材是重要的课程资源，更要认识到这不是唯一的资源，对教材独到之处的处理会让你的说课倍增魅力！

一般而言，创造性地使用教材要遵守两条原则：一是"信奉而不唯是"，二是"遵循而有所立"。前者强调对教材的态度，要相信教材是在国家课程标准目标指导下经教育专家编写的，反映国家对培养人才规格的要求，具有很强的科学性，是教学的很好的载体，不要轻易否定；"不唯是"即根据实际情况而确定教学，再好的教材也有需要改进、调整、重组的地方。后者是强调处理教材的行为，是指在用教材作为培养学生的工具时，要结合社会、学校、学生的情况而有所创新。具体依据什么，可从以下六个方面进行思考和探索：

一、依据课程标准的要求而定

《课程标准》是在《基础教育课程改革纲要（试行）》的指导下编写的，是学科教育目标的具体化，体现学科对学生最起码的要求，是教学和培养学生学科素质的主要依据，具有指导性。因此在处理教材时，首先要考虑课程标准的培养目标和具体要求。就教材来说，理解不一，其处理也就不同：一种理解是指根据一定学科的教学任务而编造、组织具有一定范围与深度的知识和技能的体系教科书；另一种理解是指教师用来指导学生学习的一切教学材料。教师深钻课程标准、教材、学生，找准三者的连接点，就可用教材教。能正确理解编者思路、编写意图这本身已经是一种发现、一种创造。若教材不能实现课程标准要求，就需要对教材进行取舍、整合。

二、依据学生情况而定

这是创造性地使用教材的核心。教学不仅仅是为了完成教材上的内容，更重要的是教育一个个富有个性的活生生的人。我们面对的学生，城市与农村，汉民族与少数民族，发达地区与待开发地区等都不同。他们各有各的特色。就是在同一个班，学生与学生之间也不一样。尽管在新一轮的课改中，要求教材具有多样性，尽可能满足不同地区、不同学

校、不同学生的要求，这毕竟只是尽可能。我国幅员辽阔，东西部差距那么大，不可能也不能编排出适应每一所学校、每一个学生的教材。哪一种教材最适用于学生，就算是选到了最适用的教材，教学质量还要取决于教师对教材的感受、理解、把握、创造、实施的质量和效果。创造性地使用教材，必须根据学生的认识水平、心理特征、学习规律而定。

三、根据教学情境而定

教学情境是指课堂上教师、学生、教材、环境等多种因素所组成的氛围。教学课前的设计只是对教学现实的预计、构想，是建立在教师的经验基础之上，有很强的主观性。而在教学现实中，往往会出现预想之外的许多事件、问题、情境。此时，教师若不根据教学情境灵活处理教材，而是按原计划教学，则属传统式教学。在新一轮课改中，教师角色应转变为组织者、指导者，而不再是控制者。当教学情境发生偏差时，应在保护学生积极性的前提下灵活调整。要用问题引导学生向教材意图靠近，为学生创造良好的学习情境。当学生的身心状态处于最佳状态时，他们学得最好。好课应当是越教问题越多，问题越多，探究的内容也越多，学生的思路就越开阔。让学生思考、讨论、解决问题，有利于培养学生的灵活性和创造性。

四、依据教学环境而定

环境是一种无言的课程。教学环境分为教的环境与学的环境。它区别于教学情境，但与教学情境又有密切的联系。特别是课堂内，某种意义上即是教学情境。教材、教室、学校并不是知识的唯一源泉。大自然、人类社会、丰富多彩的世界都是人生的教科书。变"教科书是学生的世界"已逐渐被变"世界为学生的教科书"所取代。依据教学环境确定教材的取舍是非常重要的，环境涉及学生所在的社区、学校、教室、家庭等多种因素。其中每个因素又牵涉到经济、文化、管理等多方面的问题，是很复杂的。优化育人环境有利于提高教材对学生的适应性。

五、依据教学资源而定

教学资源是搞好课改实验的坚实基础。教学资源分硬件和软件两个部分。多数教师教学中往往更关注的是硬件。诸如教学场所、实验器材、多媒体教学手段，网络技术、图书、教具、学具，等等。凡是提到教学效果、教学质量。首先总是比硬件：人家学校有什么，我们学校没有什么，所以……他们常常忽视软件的重要性：如学校领导忽视管理、忽视师资培训、教师忽视对理论的学习等。殊不知软件的隐性流失远比缺少硬件可怕。优越的硬件设备只有在先进的教育理论指导下，通过教师努力，才能发挥出更大的效能。所以教师创造性地使用教材，一定要依据所在学校的教学资源而定。一位教师在谈执教感想时说到，在新一轮课改理论指导下，力求用最朴实的教学资源及手段去上最好的课，就是依据教学资源灵活创造教材的最好见证。

六、依据教学特长而定

再好的教科书，不好的教师难教好。不好的教科书，有好的老师一样能教好。搞好教学工作的关键取决于教师素质。就素质而言，不同的教师有不同的特长。有的擅长美术，有的擅长音乐，有的擅长朗读，有的擅长板书，有的擅长运用多媒体手段。新课程强调各学科之间的整合，强调知识与技能、过程与方法并重，强调培养学生良好的情感、态度、价值观。充分发挥教师的特长，更有利于教师用自身形象及人格魅力去感染学生，潜移默化地培养学生的综合素质；更便于挖掘教材的内涵，为学生学习活动提供有效的服务。课改的变动性、多样性要求教师是一个决策者，而不是一个执行者。

说课设计要"精"安排

　　说课是一门艺术，但这种艺术不是体现在如何"教"出观赏性，"教"出花样，而是体现在如何"精""新"安排上。

　　新一轮课程改革实施以来，笔者听过不少老师的说课，也多次参加评课。每一次听课，总有这样一种感觉：无论课说得怎样，说课者在教学设计上都下了很大的工夫，有的甚至对每一个环节都做到了精雕细刻。而多媒体的运用，更是使预设的教学程序固定化。有些教师的教学设计为了体现新课程理念，也安排学生"探究"，组织学生讨论，但只是在教师"设计"的范围内进行，不能越过"雷池"。总之，说课者让听者感觉其设计的教学过程不是以具体实际的学情为转移，而是以教师设计的教案为转移。

　　笔者以为，在说课活动中重视教学设计无可厚非，但精雕细刻却大可不必，说课的教学设计也无须死抠课前设计的教案。一堂课在大的环节上应该合理安排，力求清晰，但如果每一个细小环节都考虑得十分周到，甚至天衣无缝，必然会剥夺学生自主学习的权利。而"精雕细刻"之所以备受推崇，是因为它便于教师的说课操作，还可以避免在说教学过程中出现"闪失"。这样的教学过程，显然是以教师的"教"为中心，体现的是教师的个人意志，学生在课堂上自始至终听任教师的摆布，虽然也不乏思维活动，但在很大程度上是在为教师的课堂操作服务。

　　诚然，说课是一门艺术，教学设计也是一门艺术。但这种艺术不是体现在如何"教"出观赏性，"教"出新花样，而是体现在如何精"新"安排上。

　　传统的说课教学设计，过于强调预设性，而忽视说课课堂的开放性和生成性。新课程理念指导下的说课教学设计，不仅重视说课前的预设性，更重视创新性的教学设计，因为说课本身就是一种创造、一种艺

术。如果没有好的教学设计，就不会有好的说课生成；如果没有好的说课生成和创造，就不会有精彩的说课效果。新课程追求说课课堂上的动态生成和创造，但生成和创造却离不开说课前创新性的教学设计，只有教师在说课前对教学内容进行科学预计，才能为生成新的课堂资源创造条件，说课效果才会有质的飞跃的可能！

那么作为教师如何实现说课教学设计上的创新呢？

一、突破原有思维定式和传统观念的束缚

在说课活动中，我们的头脑每时每刻都会搜集到潮水般涌来的信息，其中有各类教学情景、思想观念、需要解决的问题，等等。"头脑在处理这些信息包括筛选信息、分析问题、做出决策等的时候，并不需要对每一条信息都坐下来，静静地想一想该怎么办，往往总是自觉或不自觉地沿着以前的思维习惯、熟悉的思维方向和路径进行思考，而不另辟路径。这种思维习惯、熟悉的思维方向和路径就是一个人特有的思维定势。"这种思维定势对我们解决问题有时有利，有时就可能成为障碍，对思维有着一定的束缚。只有在遇到新情况、新问题，需要用新方法和新措施应对的时候，创新思维才能派上用场。从创新的角度看，我们就要尽量弱化，或者说要突破习惯性的思维定势，不断提出新的思想、对策和方法，才能应对各种突如其来的新问题。

二、拓展创新思维视角

所谓创新思维视角，就是用不寻常的视角观察事物，使事物显示出不寻常的性质。学会从多角度观察同一事物，尽量多地增加头脑的思维视角，就会增加更多的教学设计创意。

我们知道，设计一旦被某种模式束缚，就不容易发挥创造力。例如，一教师在教学四年级语文《田忌赛马》时，让学生按照所给句式"孙膑我真佩服你，我要向你学习"进行说话练习。表面上看，给学生自由发挥的空间似乎较大，实际上，通过前面课文的学习与总结，学生已经能够概括出孙膑的优秀品质了，显然这对学生思维的拓展没有多大帮助。不如将说话练习的题目改成"孙膑，我真佩服你"。学生可以从

孙膑入手，也可以从齐威王入手，还可以从田忌入手，谈谈自己的体会，这样表达出来的语言才会生动和丰富。正所谓不同的教学视角呈现出不同的教学效果。

创新视角是多种多样的，教师要根据自己的经验不断地总结出新的思维视角，有了足够的储备，进行教学设计的时候才能游刃有余。如，一教师在开展了解家乡的活动前，做了大量的收集和调查工作，对以往的教学设计逐一进行筛选，集各家所长，根据自己本班的特色，最后决定以设计"松江一日游"的路线图为切入点，让学生自己设计旅游路线图，安排参观的景点、时间及所乘的交通工具，以评选"十佳导游员"活动的反馈作为评价方式。这个活动将学习的主动性充分地还给学生，学生通过课前收集资料，在对松江的各个旅游景点做了充分的了解后，选取有代表性的作为"一日游"的内容，并配上解说词向游客介绍，不仅培养了学生收集、整合、运用信息的多元化能力，还培养了学生的语言表达能力。时间及交通工具的安排，体现了学生考虑问题的周密性。独特的创新视角不仅丰富了学生的课外知识，还拓展了学生的各方面能力。

三、激发创新的潜能

创新要有信心，才能不断开发自己创新的潜能。每个人都有一座宝藏，那就是创新的潜能。无论做什么事情，总是先想后做，所以创新又离不开头脑，离不开头脑的思维。头脑能思维，思维能产生创新。在教学设计中，认真挖掘这座宝藏，肯定会有意想不到的收获。

对教师来说，善于思考是创新的基础，没有思维上的变革就不会产生行动上的创新。相信只要具有创新的意识，善于激发自己的创新潜能，总会有收获的。

总之，说课活动中的教学设计既需要预先，又需要适时，才会充满生命的气息，这样的说课才是富有生机的说课。无论预先设计还是适时设计都需要发挥创新的潜能，这需要教师具有创新的勇气、深厚的知识储备和经验积累以及熟练的教学设计功底。作为教师，更需要不断地在实践中摸索、总结。量的积累在反思中才能产生质的飞跃。

说课的魅力何在

说课，作为一种教学、教研改革的手段，最早于 1987 年由河南省新乡市红旗区教研室提出。说课就是教师通过对教育目标的分析，针对某一具体课题（某一问题、某一观点）口头表述其教学设想及其理论依据。即授课教师在备课的基础上，面对同行或教研人员，讲述自己的教学设计，然后由听者评说，达到互相交流，共同提高之目的。说课的目的在于对教师进行全面了解，并进行综合评价。在广大教师积极参与的过程中，促进教师素质的提高，进而大面积提高教育教学质量。良好的说课能把理论与实践结合起来，它集备中说、说中评、评中研、研中学为一体，是一种能达到教研能力不断提高的有效途径。

一、促进教育教学理论发展的功能

1. 需要运用教育教学理论作指导

整个说课过程的各个环节一刻也离不开教育教学理论指导。不仅在说"教什么和怎样教"中需要理论的指导，特别在说"为什么这样教，教得怎么样"中更需要从教育教学理论中寻求科学依据。例如，说学法就有要依据教育学关于教师主导与学生主体的关系的理论。以学习论中关于学生学习的规律、原则和方法以及学生中反映出来的生理、心理规律为科学依据，说出"教"如何为学服务，教师"教"的主导作用如何通过学生的"学"调动学生学习的主动性、积极性。又如说教学程序设计，更需要以教学论中关于课堂教学类型和结构的理论为依据，安排课堂教学的环节和步骤。总之，离开教育教学理论，说课将寸步难行。说课活动也只有在教育教学理论指导下，才能使听者既知其然，又知其所以然。才能使说和听双方达到共同提高的目的。

2. 促使教师认真学习和掌握教育教学理论

既然说课急需教育教学理论指导，那么，要把课说好，除了要求教师必须具备一定的文化专业知识外，还必须掌握教育科学知识，具备一定的教育教学理论水平。这就促使教师在钻研教材、学习教学参考资料的同时，认真学习和钻研教育学、心理学以及教材教法等教育学理论知识，并把它变为发自内心的第一需要。教师业务素质从学科文化知识的"一元"变为必须掌握教育理论以及沟通其与学科文化知识的方法的"多元"。

二、准确把握教学评价的功能

通过说课，评价教师的教育教学理论功底，评价教师的文化知识、专业知识掌握程度，评价教师的业务能力，进而综合评价教师的教学水平。同时，说课得答辩，通过答辩，能更真实、更准确地测试出教师的理论知识水平。说课的"七说"中侧重于说出"为什么"，促使教师在说课中对教学的每一步骤和每一个问题都去寻求其理论依据。诸如，从如何选定正确的教学目的，把握教学的知识体系，掌握重点、难点，理顺教材的前后联系，到如何选择教学方法和教学手段，指导学生学会哪些学习方法，发展哪些智能，直至如何处理教材、教法和学生实际之间的关系等，对此，通过说课都要——道出"为什么"来。这样授课教师就会做到成竹在胸。将其运用于实际课堂，不仅能有效地克服其教学的随意性，保证其时效性，还能加强课堂教学的计划性，准确把握教学效果的实际水平。如果每位教师都能在说课中对课堂教学做到如此"运筹帷幄"，必定能在课堂教学中真正确立教师的主导地位。

三、增强教研活动实效的功能

说课产生于教研活动的实践，又反过来促进教研活动更好的发展。说课促进教研活动发展的功能，主要体现在它促进了教研活动的改革。长期以来，存在只教不研或教研脱节。虽然层层设立了各级教研机构，但教研活动多流于形式，有名无实；或只沟通教学进度，或扯些闲篇，很少认真研讨教学上的实质性问题。有时开展一些观摩课、示范课活动，也由于参与度和实效性较差，不仅不能提高广大教师参与教研活动的积极性，反而成了教师的负担。但开展说课活动，彻底改变了上述教研活动的状况。

四、教研活动真正落实

因为说课不受时间、地点、条件等限制，从地区性开展大型的教研活动，到一个学校、一个年级的集体备课，都能以说课的形式进行。说课让每位教师都有说话的机会，人人说、个个评。说者根据要求，要说得清、说得准、说得有理有据，还要说出水平和创见。听者也要根据要求做出客观的、恰当的评价。使说者通过听者的评价获得反馈信息，不断调整充实，优化自己的教学设想和教学结构；也使听者通过说者的说课受到启发，开阔了思路，得到了提高，这就使教研活动开展得更加扎实有效。

五、教研活动更加制度化、规范化

说课是有组织、有计划、有步骤的教研活动形式，说课的开展能使教研活动更加有组织有计划地开展起来，进一步形成一定制度，具有一定的规范性和系统性。按照教学的需要安排说课活动，要求教师拿出一定的时间和精力去研究教材，分析学情，提出教学设想，找出理论依据，进行实际操作，做出自我总结和评价，写出说课讲稿，完成说课任务。这就把备课、说课、讲课、评课、研讨甚至管理融为一体，形成一套完整的教学研究体系和制度，使教研活动制度化和规范化。

六、深化备课的功能

1. 说课将教师备课思维外显化

在备课过程中，教师对教学大纲的把握，对教材的挖掘、理解以及对学生学习能力的估价和预测等一系列活动过程，都是思维的活动过程。备课这种思维活动一般都是隐性思维活动，即内含的、不外显的活动。而说课要求教师通过口头语言，将自己在备课过程中的思维活动表露出来，使更多的人（也包括说课人本身）直接感知其思维过程，或看、或听、或想，从而对备课活动有了进一步的了解和认识。从隐性思维到显性思维变化，起码有这样三点要求：其一，备课的内容必须更有条理性，更加精练，择其要点进行阐述；其二，思维的过程语言化，即

将"怎么想"的过程，通过口头语言表达出来；其三，其说课表达的思路必须十分明确清晰。从这三点要求看，说课比备课更加深入，是备课的进一步发展，具有较强的研究性。

2. 说课将教师备课行为立体化

多少年来，教师的备课仅仅是作为一个人的独立活动来进行的。这种个人的独立行为，表现在备课过程中有其明显的局限性。首先，备课的质量，水准受个性主观因素的制约。其次，个人备课的独立性，容易造成我行我素，不受外来因素的监督和制约，又造成了备课与上课脱节的现象。说课不同于以往的独立备课，要将自己的上课思路和备课过程中的所思所虑及其缘由说给别人听，给所有参加听"说"的人提供一个评说的条件。这样，"说课"和"评说课"往往相互交织在一起，多个人坐在一起，互为条件、互为凭借，先说后评或评中有说，其氛围就使备课的个体行为变成了群体行为。

3. 说课使备课环节研究理论化

备课的目的就是为了更顺利地上好课，使上课更具有针对性和条理性。因此，在备课过程中，教者本人比较多地是注重操作的内容与要求，主要是为了解决怎么教的问题。而说课以其独特的思维方式和表现形式，把备课环节从只偏重于课堂如何施教的具体操作的层次，转到既重视可操作性，同时又重视理论的指导性。在说课的过程中，说课人必须以其最精练的语言，不仅说出"怎么教"的问题，而且要说清"为什么这样教"的问题。说课绝不是将部分理论进行简单的堆砌或相加，而是要活用理论，站在一定的理论高度去审视、考察和分析自己将要施行的课堂操作行为。只有这样，在说课时才能引经据典、"左右逢源"，使教学工作者从备课环节开始就深入了一步，把说课备课融为一体，更有理论性。

4. 说课使学校对备课工作管理全程化

对于学校来说，教学管理是首要的，在教学管理中首先就是检查教案，查教案的目的是检查备课的质量。其实，有的教师为了应付学校的检查，不得不做机械重复的劳动，如抄写参考书、抄写过去用过的旧教案或者抄写公开出版的教案。这种备课少了教材的研究。没有学法的研

究，更谈不上因材施教了。说课恰恰弥补了过去检查教案存在的不足，说课注重过程研究，是备课环节的过程性检查。原因是：（1）说课前要求教师必须认真钻研教材，要说准教材内容，包括重点、难点；（2）要求教师要研究学生，必须实实在在地说出学生的学习情况，特别是结合学生实际活用教材和教学方法，而且更要说透；（3）在写说课方案时，要重视备课过程的回想和反思。这样，说课人既要写好说课方案，更要注重对自己备课过程的研究。学校通过开展说课活动，不仅促进教师钻研教材，提高备课质量，更重要的是真正了解教师备课过程中的质量动态。这对于促进学校加强教学常规管理，尤其是过程性管理是有积极作用的。

说课的类型

说课作为一种"虚拟教学",是重要的教学辅助手段之一,也是教学过程中的一个重要环节。从教学过程看,说课可分为二大类型(课前说课和课后说课,课前说课指教师在备课后、上课前对一堂课的教学方案设计的阐述;课后说课指教师在上课后对一堂课的教学方案设计的分析和介绍。一般情况下,说课通常采取课前说课),三个层次(说课可分为说一节(课)、说一章、说一本书三个层次。一般而言,说课重点是说一节课的教学内容设计),五种课型(研讨性说课、示范性说课、评比性说课、综合性说课和提高性说课)。

从内容看说课可分为专题说课、单元说课、课型课时说课等。

一、专题说课

专题说课主要解决学科中的教研难题。如大纲的学习与研究,建立学科兴趣,系统复习,自主有效学习,防止分化和差生转化、拔尖学生的深化发展,课堂集中注意力,学习用脑卫生问题等仍是当前教育学中的难题。专题说课,即每学期可选几个难题让教师去探索。关键要找出解决难题的理论依据及解决问题的操作程序,要求简明扼要,步骤清楚,有操作模式,效果确实可信。专题说课,可在有经验的教师及青年骨干教师中进行,时间一般以40分钟为宜。

二、单元说课

单元说课的内容,一般可分为:教学单元的划分及单元课题。

1. 教材分析

主要应说出大纲要求、编者意图、单元内容、单元在整册教材中的位置、重难点的确立、新旧知识、新环节等,这是对教材的静态分析。

2. 前提分析

前提分析包括学生的认识前提分析和情感前提分析。一个单元能否

教好和学好，很大程度上取决于所在班学生的基础技能与兴趣、动机等。作为教师对此必须了解，也就是平时常讲的备学生，这是对单元学习的动态分析。静态分析是基础，但如果只注重了静态分析而忽视了动态分析，往往不能有的放矢，达不到最佳效果。

3. 单元教学设计

其中包括：单元学习目标的设立，课型课时的准备，重难点的突破，教法学法的选择，单元知识网络图的编制，单元训练和形成性测试题的编选。

4. 课堂程序设计与时间控制

课时说课可选取重点课型，不必每书都说。

三、课型课时说课

这是"说课"的重点，必须注意说清以下五方面的内容。

1. 各学科思想方法和教学的理论依据

2. 教材的内在联系和知识体系

由于教学内容的教学时空的限制，一节课只能完成一个知识点的教学内容，互相有关联的知识也是呈"离散"形地出现在课本中。例如，理科学科的特点之一就知识的系统性和连贯性，教师的责任和教学艺术就在于把这些呈点阵的、分散的知识变成连续性的、一贯的、融为一体的知识。

3. 阐明德育与智育、知识与能力的结合点

对于寓思想教育于科学教学之中，教师们普遍存在一个困难：不知如何寻求渗透德育、形成能力的结合点。"说课"就能学用结合地解决大家这一疑难问题。只要教师善于挖掘教材蕴涵的可教育因素，就可做到寓思想于教学之中。

4. 说明"重在知识发生过程"教学的必要性和可行性

例如，由重知识结论转变到重知识过程的教学，是理科教学改革的内容之一。教师有责任带领学生，共同去揭示文字背后隐含的内容：知识的实际背景、前因后果、形成发展，以恢复知识的本来面目。至于揭示知识发生过程的有效途径，则是创设问题情境。常用方法是设障存

疑、似是而非、巧布疑阵、引经据典、类比推理、学习迁移等。

5. 教师应该重视学法指导

教师研究教法不足为奇，而研究学法者却比较少见，这是一种教学的误区，说课者应根据现代教育以学生为中心，培养学生自学能力为主的特点，首先说明"教案"即"学案"，"教参"即"学参"，"教本"即"学本"；其次，分析与综合、归纳与演绎、抽象与具体、类比与迁移、一般化与特殊化等；再次，说明做好学法指导的关键是，教师在教学过程中应扮演多种角色，是编书者，懂得高瞻远瞩统摄教材；是教者，懂得依据知识、学生诸条件统筹安排教学过程；是学生，懂得设身处地探求知识奥妙。这样，教师作为纽带，就很好地解决了学生与教材、编者的矛盾。

下面给大家介绍五种课型：

（1）研讨性说课，一般以教研组（室）或年级组为单位，通常采取集体备课的形式，先由一位教师事先备课并写好说课稿，然后说课，"说"后大家评议修改，变个人智慧为集体智慧。这种说课可以一星期开展一次，教研组或年级组里的教师可以轮流说课，这是大面积提高教师业务素质和研究能力的有效途径。

（2）示范性说课，一般选择素质较高的教师先向听课教师示范性说课，然后将说课教师付诸课堂教学，最后组织听课教师或教研人员对说课教师的说课内容及课堂教学作出客观公正的评价。同时，听课教师从"观课说课"中增长见识，开阔眼界。示范性说课可以是校级或乡（镇）级的，也可是区级或县（市）级的，一般一学期可以举行一次。示范性说课是培养教学能手的重要途径。

（3）评比性说课，要求说课教师按照指定的教材、规定的课题在限定的时间内写出说课讲稿，然后依次登台演"说"，由评委评出比赛名次。评比性说课有时还要求教师将说课内容付之课堂实践，通过上课实效来评价说课质量，最后由评委决定比赛名次。或者把说课与交流有关说课的理论和经验结合起来，以便把说课活动推向更高的层次。这是培养骨干教师的有效途径。评比性说课是一种比赛，他有更高的要求，因此，在说课时应注意：不要漏了"教学反思"，尽量用"夹叙夹议"

的语言描述，描述时辅以一定的手势，要彰显自己的特色，力求避免"头重脚轻"的现象。应充分借助于多媒体，脱稿，语言要流畅、富有激情。

（4）综合性说课，要求说课教师在说课后把说课实践与交流说课理论和总结说课经验综合起来。在说课实践的基础上，总结说课经验，上升到说课理论，从而把说课活动推向更高层次，这是培养教学行家的途径。

（5）提高性说课，指授课教师上课后对该堂课在实践基础上进行说课，这是提高教师教学水平和业务素质的有效途径。另外，提高性说课还可作为评价、衡量教师教学水平的一种重要的辅助手段和参考尺度。

说课类型表

类型	项目	主要作用	适应课型
课前说课	研讨性说课	提高教师业务素质和研究能力	青年教师的公开课
	示范性说课	培养教学能手	中年教师的示范课
	评比性说课	培养骨干教师	中青年教师的优质课
	综合性说课	培养教学行家	中年教师的交流课
课后说课	提高性说课	提高教师教学水平和评价	一般教师的提高课

实践证明，"说课"也有其局限性，它看不到教师临场发挥和随即应变的教学机智，看不到学生掌握知识、形成能力的实际效果，在具体执教过程中也有说得好而教得不好或教得好而说得不好的形象。但只要将说课评价与课堂教学评价结合起来，就能克服这种局限性，更有效地提高教师业务能力和教学水平。

说课的形式

说课活动有了新的发展，形式更加多样。一般形式可以分为备课以后、上课以后和评课以后的说课，是教师个体更深内涵更高层次的备课，在专家评议后进一步作修改，成为集体备课的结晶。

一、备课以后的说课

备课以后的说课，是目前组织教研活动和教学基本功竞赛中说课的主要形式。教师在充分备课的基础上，把自己怎样进行备课，备课时进行的教学设计、教学安排设想以及估计学生的达标程度和盘托出，供专家们评说。内容包括：

1. 说教材

重点说明本课题内容在整个教材体系或本单元教材中的地位和作用；教材编排的意图和特点；本课题涉及主要知识点及其与前后联系；与教学内容有关的附件（如图片、资料等）处理要点；确定课题重点、难点及理由。执教者本人进行教材处理的打算以及进行修改、增减的理由和依据。

2. 说学情

说明任教学生的基础，包括学生的学习态度、学习兴趣、多数学生的学习习惯甚至学习方法，由此说明对重点难点知识决定采取的教学起点。

3. 说目标

根据教学目标分类，明确说出各知识点的不同层次的具体要求。课堂教学中所有举例说明，都必须体现目标的知识点、情感教育点、能力训练点。

4. 说构思

说清教学过程设计的总体框架和设想，说出教学过程的整体结构、教学内容的详略安排和教学板块的时间分配。说出主要环节的教学设计，重点如何突破，难点如何化简。

5. 说学法

根据教学的重点、难点，分析学生学习过程中可能遇到的障碍及其原因，怎样针对这些障碍加强对学生的指导。指出重点突破口、难点理解点。指导学生掌握基本知识和基本规律，掌握基本的解题、应用以及使用课本的能力等。

6. 说教法

说明课堂教学的具体策略，采取何种教学方法。在战术上介绍导入新课、难点突破设计、课堂提问设计、例题设计、课后小结和作业设计的目的、内容。说明不同层次学生如何实行分层教学，每节课每个学生都能达到相应目标。

7. 说媒体

说明教学中采用的教学技术手段，包括教具、演示、板书、投影和其它教学媒体的设计和使用准备。教具、演示包括投影要简明，有利于突出呈现重点，操作简便。板书内容准确、精练，形式便于比较对照和理解。

以上是常见的说课内容，不难看出，就是备课涉及的基本内容。与备课不同的是，执教者要把上课的意图以口头语言的形式讲给专家和老师们听。因此，具体说课过程中，也可以把说教材和说目标、说学情和说学法、说构思和说教法分别结合在一起，成为说目标、说学法、说教法、说媒体，使说课条理更清晰、更简明，重点更加突出。

二、上课以后的说课

如果说课是在上课之后进行的，由于已经有了课堂实践的检验，可以在前述说课的基础上，结合自己上课的感受进行说课。

这时，说课的内容包括自己怎样进行备课和教学中实际是怎样处理的，侧重面有所变化。结合上述要点，重点说明上课过程哪些方面体现了备课意图，包括对学生达标情况的分析，说明自己作了哪些改变和调整，作调整的意图和效果，包括对自己上课的效果和感受进行评价，提

出进一步改进的设想等。

三、评课以后的说课

如果说课是在评课之后进行的，或者经过了前述说课之后和评课之后，说课者可以进一步说课。内容包括，可以谈自己备课的特点和发生的疏漏，对自己的课的效果和感受，指出自己上课的进程与备课的意图吻合程度及其原因，自己做出调整的原因和作用，分析学生达标度与实际达标度的区别和可能的原因。同时，对于专家们的评课结合自己的感受进行必要的说明。说课的组织者则可以进一步展开讨论，在此基础上综合评价施教者和专家的讨论，提出值得进一步研究的问题，提高说课的理论层次。

把握好说课的原则

说课的核心在于说理，在于说清"为什么这样教"。因为没有理论指导的教学实践，只知道做什么，不了解为什么这样做，永远是经验型教学，因此，执教者必须认真学习教育教学理论，遵循教学原则，主动接受课改新信息、新成果，并应用到课堂教学之中。

一、科学性原则——说课活动的前提

科学性原则是教学应遵循的基本原则，也是说课应遵循的基本原则，它是保证说课质量的前提和基础。科学性原则对说课的基本要求主要体现在以下几个方面。

1. 教材分析正确、透彻

说课中，教师不仅要从微观上弄清弄懂各知识点的内涵和外延，做到准确无误，更重要的是要从宏观上正确把握本节课教材内容在本学科、本年段的地位、作用以及本课内容的知识结构体系，深刻理解各知识点之间的关系。

2. 学情分析客观、准确，符合实际

说课中教师要从学生学习课本的原有基础和现有困难两个方面分层次地、客观地、准确地分析学情，为采取相应的教学对策提供可靠的依据。

3. 教学目的的确符合课标要求、教材内容和学生实际

教学目的包括本节课的总目标与具体的基础知识目标、发展智能目标和思想教育目标，其确定都要与教材分析和学情分析保持高度的一致性，并有切实可行的落实途径。

4. 教法设计能紧扣教学目的，符合课型特点和学科特点，有利于发展学生智力，可行性强

说课中，教师既要说清本节课的总体构想以及依据，又要说清具体

的教学设计，尤其是关于重点、难点知识的教法设计的构想及其依据，使教法设计思路清晰、具有较强的可操作性。

科学性要求注意分析研究说课自身的质和量。如选用的教法和学法究竟能为多少学生所接受，学生学习中又会遇到什么困难，说者对词必须做到"心中有数"。要有基本的数量分析，要掌握"决定事物质的数量界限"，此即"度"，这是说课的质和量结合的关节点。再如教材处理的分量和难易程度，要求学生掌握到什么程度等，在说课中必须运用质量互变规律和质量分析方法，才能很好地得到解决。准确地讲，在说课过程中，分析预测学生学习教材的质和量，不仅是说课质量的关键，而且影响到正确处理说课的质和量与备课、讲课的质和量的关系。

二、理论联系实际原则——说课活动的灵魂

没有理论指导的实践，盲动、被动。说课是说者向听者展示其对某节课教学设想的一种方式，是教学与研究相结合的一种活动。因此，在说课活动中，说课人不仅要说清其教学构想，还要说清其构想的理论与实际两个方面的依据，将教育教学理论与课堂教学实践有机地结合起来，做到理论与实践的高度统一。

1. 说课要有理论指导

在说课中对教材的分析应以学科基础理论为指导，对学情的分析要以教育学、心理学理论为指导，对教法的设计应以教学论和学科教学教法为指导，力求所说的内容言之有理、立之有据。

2. 教法设计应上升到理论高度

教师在教学实践中，往往注意到对教法本身的探索、积累与运用，而忽略了将其总结上升到理论高度并使之系统化、规律化，因而淡化、浅化了教学实践的功能。说课中，教师应尽量把自己的每一个教法设计上升到教育教学理论的高度并接受其检验。

3. 理论与实际要有机统一

在说课中，既要避免空谈理论，脱离实际，"放之四海而皆准"；又要避免只谈做法不谈依据；还要避免为增加理论色彩而张冠李戴，理论与实际不一致、不吻合。

在说课中，不能为说理而说理。而是根据教学实践说理，说理为教学实践服务，教学实践又从教学理论中找到存在的依据，两者的关系可以说达到了水乳交融的程度。如赵老师在说理含义深刻句子教学的时候所引用的"逐渐去扶翼，终酬放手愿"这句叶圣陶的话，就用得非常贴切。从表面看，像是信手拈来，其实却反映了老师对自己采取的教学行为的深切理解和对教学理论的谙熟。

三、实效性原则——说课活动的核心

任何活动的开展，都有其鲜明的目的，说课活动也不例外。说课的目的就是要通过"说课"这一简易、速成的形式或手段在短时间内集思广益，检验和提高教师的教学、教研能力，从而优化课堂教学过程，提高课堂教学效率，因此，"实效性"是说课活动的核心。为保证每一次说课活动都能达到预期的目的，收到可观实效，至少要做到以下几点。

1. 目的明确

大体上，说课可用于检查、研究、评价、示范等各种目的。一般来说，检查性说课主要用于领导检查教师的备课情况；研究性说课主要用于同行之间切磋教法；评价性说课主要用于教学评比、竞赛活动；示范性说课则是为了给教师树立说课的样板，供其学习参考。在开展说课活动前，首先要明确目的，也就是明确将要开展的是哪一类型的说课活动，以便做好相应的准备工作。

2. 针对性强

这主要是针对检查性、研究性两种说课活动而言。检查性说课一般来说主要针对以下问题：教师的工作态度，教师的专业知识，教师的教学能力，教师的教研能力；研究性说课应主要针对承上启下的课节、知识难度较大的课节、结构复杂的课节以及同科教师之间意见分歧较大的课节等。只有加强了说课的针对性才便于说课者和评说者的准备和对问题的集中研究与解决。

3. 准备充分

说课前，说课者评说者都围绕本次说课活动目的进行系统的准备，

认真钻研课标和教材，分析学情，做到有的放矢。说课人还要写出条理清楚、有理有据、重点突出、言简意赅的说课稿。

4. 评说准确

评说要科学准确，指导性强。说课人说完之后，参加评说的人要积极发言，抓住教学理论上的重大问题和教学中带有倾向性、普遍性、规律性的问题进行重点评说。主持人还应该将已达成的共识和仍存在分歧的问题分别予以归纳总结，以便在教学中贯彻执行或今后继续进行研究。

四、创新性原则——说课活动的生命

说课是深层次的教研活动，是教师将教学构想转化为活动之前的一种课前预演，其本身也是集体备课。有一部分说课活动，尤其是研究性说课，其实质就是集体备课。在说课活动中，说课人一方面要立足自己的教学特长、教学风格；另一方面更要借助同行、专家的评说和众人共同研究的良好机会，树立创新的意识和勇气，大胆假设，小心求证，探索出新的教学思路和方法，从而不断提高自己的业务水平，进而不断提高教学质量。说课的创新，也就是我们常说的亮点，通常包括两方面的内容：一是教学设计上的新，二是说课形式上的新。教学设计上的新，是指既符合当前教育改革的理念，又有教师自己的独特之处，并且该设计能有效激发学生学习的热情，是将教学推向高潮的环节。如有位生物教师在设计"酶"一节内容时，在教学的最后设计了一个让学生设计酶广告的环节，该环节使学生"群情激奋"，也使听众耳目一新。

五、可持续性原则——说课活动的延续

"说课"活动是教师备课活动的组成部分，是一门课程教学全过程的一个小环节，是提高教师教学能力与水平的一项措施。因此，"说课"活动的开展必须连续。"说课"活动的连续不单纯是建立"说课"制度，开展"说课"活动，更重要的是要对每一名需要提高教学能力与水平的教师，持续开展"说课"活动，通过一次次的"说课"活动，帮助教师积累教学经验，改进教学不足，持续提高自身的教学能力与水

平，避免"一曝十寒"、"拔苗助长"的情况发生。

"说课"活动作为一种教研形式，对于教师尤其是青年教师的教学能力与水平的提高作用明显。这是一个应当看到并且应当被引起重视的事实。学校在组织开展"说课"活动时，要注意深化对"说课"内涵的研究，科学地组织开展各种"说课"活动，创新"说课"形式，使"说课"活动更加科学、更加完善，为青年教师整体教学水平的提高、学校教学事业的发展发挥重大的作用。

说课与备课是两回事

一、备课的主要内容

备课着重研究解决课堂教学中的"教什么、怎样教"等教学内容及实施技术问题，说课除要研究上述问题外，还要研究"为什么这样教"的教学理论问题。

备课所写的教案，为适应课堂教学中师生双边活动顺利进行的需要，要求对教学方案的书写具体、详细，甚至教学例题的求解都要详细罗列，以在课堂教学中重视；说课所写的讲稿，为满足听说教师的需要，只需对教学方案作纲目式、摘要式、论理性的述说，课堂上对学生展现说明的问题可少说或不说（如例题的演示等），所述说的内容也不都在课堂上重现。

二、注意说课中的语言运用

1. 独白语言

说课时切忌从始至终一个腔调地念稿或背讲稿，要用足够的音量，使在场的每个人都听得清清楚楚。速度要适当，语调的轻重缓急要恰如其分，让听者从你的抑扬顿挫、高低升降中体会出说课内容的变化来。具体地说，教材分析要简明，理论根据要充分，教学方法和学习方法要用慢速说清楚，教学目的要分条款一一叙述，重、难点则用重音来强调。

2. 教学语言

因为说课不仅要说"教什么"，还要说"怎样教"。说"怎样教"实际上就是要说出你准备怎样上课，只是不单纯地将课堂上一问一答那么详细地显露出来，但是也要让听者知道自己的教学设想和具体步骤。有问有讲，有读有说，用自己的语言变化将听者带入到你的课堂教学中

去，未进课堂却仿佛看到了你上课的影子，推测了你的课堂教学效果。那么，教学语言在何时用呢？

（1）设计的课堂导语应用课堂教学语言

用新颖有趣或简明扼要的导语来吸引听课者。说导语时说课者要把听课的老师看成是自己班上的学生，声音该高则高，该慢则慢。

（2）课堂的总结语应用教学语言

在说课时设计的结束语应具有双重性，不但要打动听者，而且还能让听者从你的语言中推测你在课堂上也会深深地吸引学生，这就要求结束语既要精彩，又能将精彩恰当地表达出来。

（3）说课中阐释和提问语应用教学语言

阐释语也叫讲授语，它主要是对所讲知识的解释、分析和阐发，这种语言以简明、准确、条理清晰为要点。

好的提问语可以启发学生思考，使学生的学习变得积极生动，并容易把问题引向纵深。让听者判断你提问的质量的高低。

三、注意理论依据

说课中应该说出哪些理论依据？

（1）教学大纲是教学的主要依据。

（2）学生的实际应成为教师教学的主要考虑对象。

（3）教材和学科特点也是重要的理论根据之一。

（4）教育理论和名家名言也可做为强有力的理论根据。

不管运用哪一种理论，都要说得具体、令人信服，切忌出现以下问题：

理论堆砌不适用。例如：教学目的要求制定的根据是"从信息论、控制论的观战出发……"，又根据"教育学、心理学的原理……"加上"小语大纲的要求……"

理论空洞不管用。例如：每一课都用"根据大纲要求，学生的实际，自己的教学实践，特制定……"这种理由只是空架子。没有实际内容，究竟根据大纲的哪一条要求，班级学生的实际是什么，你的教学实践又如何呢？别人不得而知，与其这样说为什么，还不如不说的好。

四、说教学手段和目标测试题

教学手段是多种多样的，教师可结合不同的教学内容将多种教学媒体如挂图、幻灯、录像带、录音带、电影片段、新闻图片等引进课堂。多样化教学手段的运用，直观性强，实用性大，可以增强学生的感性认识和学习兴趣，给学生留下的印象深，效果好。因此，教师的说课应说明在教学过程中，根据教学内容的具体需要，准备采用哪些教学手段以及采用这些手段的好处。当然，切勿为手段而手段，一定要从教学内容和效果出发，同时，教学手段的选择也应从实际情况出发。

目标测试题一般是教师根据该课内容的教学目标，有目的地编制的练习题，让学生进行练习，使学生达到巩固已学知识和运用已学知识的目的。因此，它也应该是说课活动中的一个重要环节。但教师编制的题目一定要依据教学内容、体现教学大纲或《考试说明》的要求。说目标测试题，就是说明教师想编制哪些题目和想要达到的"目标"等，不过，教师在说题目时，应简明扼要，选择主要的讲述，毋须面面俱到。

说课的内容通常包括说教材、说教法、说学法、说教学程序、说板书设计等。说课的模式通常可采用：说教材，包括教材简析（简要说明本说课的内容来自哪一学科、哪一册书、哪一章节），本说课内容在学科知识体系中所处地位和作用，教学目标，教学重点和难点；说教法，包括教学方法、教学手段、教学媒体的运用；说学法，包括学习方法、能力培养（根据教学内容和采取的教学方法及手段，教给学生一些学习方法，做到授之于渔）；说教学程序，包括新课导入、新知识的学习、检测训练、总结巩固；说板书设计，包括程序性、概括性、指导性、艺术性（板书设计时要体现出程序性、概括性、指导性、艺术性）。

说课要坚持从实际出发，不能搞一刀切。应因材、因时、因地、因人（学生、教师）的不同采取不同的说课方式和方法，提高说课的科学性和可行性。

设计说课内容要全面、严谨，重点突出，具有一定的科学性。说教

材要说出本节课的教学目标及在整个教材中的地位和作用；说出知识技能的要求；说出情感、态度和价值观教育的要求。说教法要说出所选教法及其理论根据；说明突出重点、突破难点所采取的方法。说学法要说出教给学生的学习方法，如何调动学生积极思维。说教学程序要说出各环节教学程序的安排和教态、语言、板书设计以及教具的使用。说课要结合实际，以实用为原则。

五、说课的好处

（1）说课给教研活动注入了活力。为了说好课，教师加强教学理论、专业知识的研究，主动翻资料、查依据、寻教法、制教具，与同行商讨，向老教师学习。这样，由被动的教到主动的教。

（2）说与评相结合，共同提高。它是说课者与听课者的双边活动。说课者要用清晰、准确的语言，有条理地述说课堂教学的材料处理，教法选择和教学理论，努力说出高水平。听课者一方面目睹了述说者的现身说法，从中受到启发，另一方面又要给说者做出恰当的评价。

（3）说课丰富了备课内容，促进了课堂教学。教师备课时凭借自己已有的经验或直觉去思考，这种思考是隐性的。上课是传授知识、培养学生能力的教学基本形式。而说课则要求教师必须用简洁、清晰的语言把备课中的隐性思维过程及其理论根据述说出来，使这些隐性的东西外现出来。同时，也暴露出备课中不易发现的问题。经过同行补充、修改、加工，得到进一步的提高。说课源于备课，服务于课堂教学。

（4）说课有利于提高教学质量。由于熟练掌握教材的教师增多，教师的教学水平提高，教学质量也稳中有升。

（5）说课作为教学管理的一种形式，人们一致认为它是教学管理的一种好的形式。

说课的理论基础

说课之所以能在教学实践中具有无限的生命力，取得良好的效果，最主要的是它建立在一系列科学理论基础上，具有诸多科学理论依据，并受其指导。

1. 说课的马克思主义哲学基础

运用马克思主义对立统一规律和矛盾分析方法来处理说课、备课、上课等教学环节，既要抓住各自的实质，明确各自的不同任务和特点，不能相互混淆和取代，又不能割裂它们之间的关系与联系，说课是以备课为基础，以上课为归宿，架起从备课通向上课的桥梁。

运用马克思主义的质量互变规律和质量分析方法来研究说课。讨论选用的教法和学法究竟能为多少学生所接受，学生学习中会有什么困难要有一个基本数量分析，这是教学的质和量结合的关节点。又如教材处理的分量和难易程度，要求学生掌握到什么程度等，在说课中必须运用质量互变规律和质量分析方法才能得到较好的解决，说课的质量也就可以转化为上课的质量。

运用马克思主义的否定之否定规律和过程分析方法来研究说课，把说课作为过程，在说课过程中不断否定教学中的缺点与失误，使之变为正确的东西，可使教学过程发展到一个新的阶段，不断循环，促使教学过程不断革新，教学质量不断提高。

2. 说课的"三论"科学基础

"三论"即系统论、信息论和控制论。说课也是一个大系统，它是由许多相互联系和制约的基本因素构成。如说教材、说教法、说学法、说程序等等。它既是一个整体，又是一个个部分的组合，而教学工作包括备课、说课、上课等环节，说课又成为其一个子系统，处理好说课与其它部分之间的关系和联系，以备课为自身打好基础，又要求自己为上好课以及作业、考试等创造有利条件，即为以后各环节奠定良好基础，

说课可促使知识信息在教与学两方面得到双向传递。说课从教材、教法、学法等方面去开发教学中传递知识信息的多条渠道。使教学改革的信息得到更广泛而有效的传播，推动教学改革的深入发展。一则可使学生顺利接受知识信息，另则使观摩者能知道执教者为什么要这样教，为什么这样做的道理，提高广大教师的教学水平与教学理论的理解。

3. 说课的思维科学基础

说课是要求在分析教材中，把科学概念的原理搞清楚，有关的判断推理要合乎逻辑，完成从理性思维的发展向实践的飞跃，这也是完成说课的逻辑思维的主要特征之一。

说课是说课者与评说者双方的协同活动，说课者说课是个体思维的成果，而对说课作出评议是集体思维成果，俗话说"三个臭皮匠，顶个诸葛亮"。最后得到的共同结论是集体智慧的结晶，反过来又影响着说课者与听课者的个体思维，使他们从中得到极大的启迪。

4. 说课的教育科学基础

说课的特点之一是具有理论性。这是说课与备课、上课等根本区别点。这一特点要求说课教师必须具有一定的教育学理论水平，能运用该理论去钻研教材、选择教法、确定学法、安排教学进程等，只有依据教育学理论指导说课实践，才能避免教学的盲目性，使其符合教育学中揭示的教学规律和原则的要求。

说课的特点之二是具有科学性。教学要求以最科学的方法传播科学知识，依照教育学中的科学性与思想性统一原则的要求，力求知识的传播准确无误，做到科学性与思想性的统一。

说课的特点之三是具有高层次性。说课的听课对象不是接受教育的学生，而是具有高水平的领导和教师，这就要求说课者要使自己的说课达到高层次的水平，比以往备课更精心，要充实自己说课的理论根据。

说课的特点之四是具有预见性。要依据对学生知识水平和智能发展等方面进行分析，对学生接受知识的情况作出较准确的预计，使学生学习中的问题解决于未发之前。

说课中既要考虑传授的知识、技能，也要考虑本课题对学生进行哪些思想品德的教育；既要考虑教学中所要遵循的教学规律，又要体现教

学艺术的发挥、现代化教学手段的运用等等，使之发挥最优化的效果。

5. 说课的心理学基础

说课要以认知心理活动规律为指导。教师通过自己的感觉、知觉、思维和记忆等认知活动，掌握教材内容，研究学生的学习心理活动，帮助学生排疑解难。

说课要以情感、意志等心理活动规律为指导。说好一节课是认真备课，刻苦钻研的结果。要求教师必须掌握大纲，了解教材，熟悉教材，更要了解学生，选择恰当的教法与学法，说出教学程序设计及其理论依据。

说课能激发人积极的心理源泉，使教师能看到自己的不足，也为中青年教师提供表现自己的舞台，增强竞争意识，极大地调动广大教师工作、学习的积极性。

实践证明，只有用科学的教学理论为指导，才能有科学的教学实践。开展说课活动促使广大教师能自觉地运用教育理论来解决课堂教学中遇到的问题，提高教师的教育理论水平和教研能力，从而使教师由一个"教书匠"变为一个"教育家"。

如何说教材

教材是教与学的主要依据，也是教师与学生相互作用的中介，更是学生获取知识、开发智力和发展能力的源泉。如何正确处理好教材，是教师进入课堂前必须认真思考与分析的。这一教材并不等于教师的讲稿，教师在授课之前，必须认真学习课程标准，深入分析和研究教材，领会教材的编写意图。在此基础上科学地组织教学内容，选用教法，精心编写教案，实施教学，以圆满实现教学目标，完成教学任务。所以说，教材分析是教师的一项重要基本功，是教师备好课、上好课的前提。

在分析教材过程中，教师要经常仔细琢磨"教什么""怎样教""教材的知识结构、内在联系""教学的目的要求"以及"教材的地位、作用、重点、难点、关键及蕴涵的思想方法、德育因素"等问题。所以说，教材分析又是教师熟悉教材、把握教材并逐步达到驾驭教材的重要途径。

说课，首先教者要说明自己对教材的理解，因为对教材理解透彻，才能制订出较完满的教学方案。说教材包括三个方面内容：

一、说教材内容

任何一门课程的教材，从其知识内容到其编排形式，都会构成一个系统。要说出对教材的整体把握，就需要明确本课题或章节在整个学段、一个学年的教材系统中所处的地位及其作用。只有明确了这一点，才能在教学中重视前后知识的内在联系，准确地认定教材地重点和难点，从而提高课堂教学效率。

1. 说教材的知识内容

说课中，教师应首先说明本课题或章节内容所呈现的主要知识点，如有些什么概念、公式、法则、性质、定理、原理、观点等。同时还应

说明课标对这些知识的层次要求、技能的训练和能力的培养等。

2. 说教材的地位与作用

说课内容之一是说教材的地位和作用。这一内容说得如何，能很好地体现教师对教材理解的程度。那么，我们应如何分析教材的地位和作用呢？

我们应该明确，关于所讲内容在教材中的地位，并不是指说课内容处于教材的"地理位置"——处于哪一章哪一节。不否认说课的时候要点到这些，可是将内容所处的"地理位置"作为教材的地位和作用来说，显然没有抓住要害。

教材的地位和作用应该理解为这节内容在教材体系中的意义、该内容对学生的学习和终身发展以及科学技术和社会发展所起的作用。基于这样的理解，我们应该站在全局的角度来把握教材，然后综合分析教材的地位作用。因此，对教材地位和作用的分析，至少包含以下两个方面：

第一，内容所处的"地理位置"以及这样安排的意义。这就要求不仅要描述出该教材安排在哪里，更要分析教材是基于怎样考虑将这一内容安排在这里。在分析教材安排时，应该包括：（1）前面已经安排了哪些知识与技能等基础内容；（2）本课题包含了那些内容？它们与前面的内容之间有何关系？对前面的内容总结、拓展、或应用；（3）该内容与后续学习的内容有怎样的联系或者在后续学习中还有怎样的发展。

第二，该内容的学习需要让学生掌握哪些方面的知识、技能或者研究方法，将发展学生哪些方面的能力？这些知识对学生的学习和终生发展有何重要的作用？对学生改变学习方式有哪些重要的意义？这一知识对人类生产、科技发展、资源环境等方面有何重要意义等。

3. 说教材内容的处理

认真钻研教材，科学的运用教材，是进行教学改革的前提，是提高课堂教学质量的关键。叶圣陶曾经说过："教材只能作为授课的依据，要教得好，使学生受到实益，还得靠教师的善于应用。"

由于教材是教学的依据，说教材处理就是说教材内容的取舍和重点

的选择。所说教材处理是否恰当，是教师教学能力的综合反映。

教材处理是指教学过程中，教师对教学内容（包括知识、技能、方法、观点等），由书面文字形式加工、转化为课堂教学"导"的形式的创造性行为。说教材处理应说教材内容的取舍和重点的选择，说出如何依据教学目的的要求，教材特点和学生实际，确定哪些内容应总结概括，哪些内容需解释发挥，哪里需详讲，哪里需略讲，以及这样处理的理由（理论依据）等。教材处理是否恰当，是教师教学能力和水平的综合反映。在教材处理过程中，要体现教师驾驭教材的能力，要有创造性，既不要迷信教材，又要符合教学各方面的具体要求。这一环节还能体现教师在尊重课标、教材的基础上的创新活动。

二、说教学目标

教学目标是课时备课中所规划的课时结束时要实现的教学结果，是教学总体设计的出发和归宿。课时目标越明确、越具体，反映教者的备课认识越充分，教法的设计安排越合理。

在教学策划中，我们应该怎样来确定教学目标呢？

新课程各学科课程标准确立了教学的三维目标，即：知识与技能、过程与方法、情感态度与价值观。知识与技能是教学目标的核心，是课堂教学的出发点，也是课堂教学的归宿，它通过过程与方法、情感态度与价值观目标的实现过程中而最终得以实现。过程与方法是教学目标的组成部分和课堂教学的操作系统，是在知识与技能目标基础上对教学目标的进一步开发，它渗透在知识与技能目标的实现中得以实现。情感态度与价值观目标是教学目标的组成部分和课堂教学的动力系统，它伴随知识能力、过程与方法目标的实现而实现。积极的情感与态度，能在探索知识与技能的过程和方法中起到巨大的推动作用。反之，好的知识与技能、过程与方法，又反作用于情感与态度。

确立教学目标的依据，一是学科课程标准的规定，二是单元章节的要求，三是课时教学的任务，四是教学对象的实际。要把这四点结合在一起通盘考虑，然后再来确定教学的起点和终点，从而明确提出本课时的具体教学目标。

1. 说知识与技能目标

知识存在不同的类型与性质，包括具体知识和抽象知识，自然知识、社会知识和思维知识，陈述性知识和程序性知识。所谓陈述性知识，它也可称为描述性知识，主要说明事物的性质、特征和状态；程序性知识也叫操作性知识，是一种关于如何去行动的知识。

基础教育课程的知识目标除引导学生获取所需要的有关知识外，就知识的掌握程度和水平来说，至少应该包含着知识的了解、知识的理解和知识的应用三大目标：

（1）知识的了解。它包括再认或回忆知识，识别、辨认事实或证据，描述对象的基本特征等。

（2）知识的理解。它包括内在逻辑联系，与已有知识建立联系，进而解释、推断、区分、扩展等。理解既是学生掌握知识的过程，也是中小学教学所要达到的知识目标。要达到对知识理解，就要注意提高学生对语言的理解程度，加强学生对事物的意义的理解，重视学生对事物属种关系的理解等。

（3）知识的应用。它有广义与狭义之分，广义的知识应用是指应用已有的知识经验去解决客观现实中一切有关识记问题的过程。狭义的知识应用是指在教学过程中，学生在理解教材的基础上依据获得的知识去解决同类课题的过程，又称知识的具体化。知识的应用包括在新的情境中使用抽象的概念、原则，进行总结、推广，建立不同情景下的合理联系等。

技能是个体通过练习形成的顺利完成某项活动所必需的完善的动作方式或心智活动方式。与此相对应的技能目标就是操作技能目标和心智技能目标：

（1）操作技能目标。操作技能也叫运动技能或动作技能，是指由一系列具体实际动作按合理、完善的程序构成的操作活动方式。它包括在原型示范和具体指导下完成操作，对所提供的对象进行模拟、修改，独立完成操作，进行调整与改进，尝试与已有技能建立联系等。

（2）心智技能目标。心智技能是指由参加认知活动的心理过程按合理、完善的程序构成的心智活动方式，其中抽象思维活动方式是其主

要部分。它包括在新的环境下运用已有技能，理解同一技能在不同情境中的适用性等。

知识与技能目标是由许多子目标按一定层次构成的有机整体。要全面实现知识目标，必须明确知识的类型与性质以及所要达到的知识的理解目标、巩固目标与应用目标。要采取有效措施，强化心智技能的训练，实现心智技能目标，达成操作技能目标。以不断提高教育质量和促进学生的全面发展。因此，在说知识与技能的培养目标中，应根据课标要求和班级学生的实际，主要说清哪些知识属于了解，那些知识属于理解，哪些知识属于掌握和应用范畴，同时应培养学生哪些方面的技能等。

2. 说过程与方法目标

"过程与方法"的基本要义一般应是：要十分重视让学生经历学习的过程，在自主、合作、探究的学习中发现、总结和掌握知识的规律和学习方法。强调"过程与方法"，其实质就是强调必须增强学生的主体性；要增强学生的主体性，在"过程与方法"中，我们应注意面向全体。让所有的学生都经历过程，让学生经历"自主、合作、探究"的学习过程，随机地进行创新教育。学生在学习过程中思维的最高境界应该说就是创新性的思维。在说过程与方法目标中，应重点说明用什么样的途径、手段和方法去探究知识、获取知识，培养学生能力。让学生进一步重视知识的产生、形成与发展的历程，体验获得知识、增强能力的快乐。

3. 说情感态度与价值观目标

情感态度与价值观是以情感为中心、以塑造学生完善的"人格"为目的的教育目标。教育专家认为：情感不仅指学习兴趣、学习热情、学习动机，而且还指内心体验与心灵世界的丰富。态度不仅指学习态度、学习责任，而且还指乐观的生活态度、求实的科学态度、宽容的人生观。价值观不仅强调人类的价值，更强调个人价值与社会价值的统一，从而使学生从内心确立起对真、善、美的价值追求以及人与自然和谐可持续发展的理念。价值教育使学生不仅对美的形式有愉悦的感受。而且对于丑的形式有抵触，有明确的审美价值观。因此，在说情感态度

与价值观目标过程中，根据教学内容的特点和学生实际，应重点说明培养学生哪些方面的情感，养成哪些方面的良好态度，树立什么样的价值观念。

教学活动是有目的、有计划的自觉活动，预设性目标能够确保教学活动的目的性、计划性、和可控性，预设的教学任务易于完成。但是，若仅有预设性目标，教学活动也将有难以避免的缺陷：它不仅容易导致教学的封闭、机械、僵化，限制师生创造性，从而使教学缺乏活力，也大大降低了教学的价值。

生成性目标是伴随着教学过程的展开自然产生的目标。这样的目标在教学活动实施前是难以完全预料的。但是，开放的、富有创造性的教学，又是能够产生这样的目标的。不仅如此，生成性目标应该是教学所渴求的。因为这种生成性的目标是师生智慧的展现，是师生创造性的发挥。这种目标的实现，往往不仅使学生对所学习的知识理解得更为透彻，更好地建构知识，也使师生的思想、情感获得升华。生成性目标是教学中极为有价值的东西。

然而，在现行的说课中却仅说预设性的目标，没有生成性的目标，这是不符合课改教学要求的。虽然生成性目标是难以完全预料的，但是它又不是完全不可预料的，而且，教学又是追求生成性目标的，所以教师在说课时应说一说生成性目标。

三、说教学重难点

分析教材的编写思路、结构特点以及重点、难点、关键。说清楚本课教学内容包含哪些知识点，教例是如何展示教学内容的，教材叙述语言与例题怎么搭配，按什么顺序开展的，例题与习题的分布类型，其中重点、难点内容是什么。

教学重点往往是新知识的起点和主体部分，备课时要突出重点。一节课内，首先要在时间上保证重点内容重点讲，要紧紧围绕重点，以它为中心，辅之以知识讲练，引导启发学生加强对重点内容的理解，做到心中有重点，讲中突重点，才能使整个一堂课有个灵魂。

教学难点是那些比较抽象、离生活较远或过程比较复杂，使学生难

以理解和掌握的知识。在教学实践中常见的教学难点有三种：一是与教学重点相同的教学难点，它既是教学重点又是教学难点，处理的方式是"攻坚"；二是教学难点并不是教学重点，但与教学重点有着直接关系的教学难点，处理的方式是"淡化"；三是与教学重点无关或没有直接关系的教学难点，处理的方式是"回避"。确定教学难点要依据教材知识体系和学生认识能力以及教学条件等，并要具体分析教学难点和教学重点之间的关系。

教材的关键有可能是教材中的重点，但有时关键不一定是教学重点。它是教材内容表现出来的学科知识内在的联系或本质，是教材着力叙述的部分。

此外，在以上"说教材"的常规内容基础中，我们可以增添教师的个人思维亮点。例如，对教材内容重新组合、调整以及对教材另类处理的设计思路等等。

此外，"说教材"不同于过去的"通教材"。"通教材"仅仅是把教材的知识点从头到尾"通"一遍，把不明白的问题和重点、难点搞清楚，一般是教哪册"通"哪册，并没有注意教材的整体性。

如何说板书

课堂教学是衡量教师素质的重要标志，板书（又称微型教案）是课堂教学不可缺少的组成部分，板书的好坏对课堂教学效果有着一定的影响。板书设计是一门科学，也是一门艺术。好的板书。能突出知识的重点与联系，使每一课时的内容形成一个完整体系，并能充分利用学生的感官，使学生的直觉思维得到良好锻炼，还可以给学生以美的享受。毋庸质疑，板书设计是教师必不可少的一项基本功。

在课堂信息传递中，板书作为一种形象的无声语言，不仅能够加深学生从有声语言中获得的印象，而且能创设课堂审美情境与和谐气氛，引起学生的审美心理体验，产生一种"此处无声胜有声"的教学效果。

一、板书设计的原则

板书在课堂教学中能否发挥作用，首先取决于它的设计是否科学精当，是否符合课堂教学的实际。板书设计应遵循以下原则：

1. 板书的布局合理

备课时，不可缺少的要备板书，教师在教案后面应附有板书设计，将版面内容一一列出。备课过程中，要考虑什么内容写在什么位置上、是详是略、暂时性的还是本节课要保留的等。重点内容尽量用彩色笔书写。

2. 板书内容应突出重点

教学是一个有目的的活动，板书作为教学的辅助手段，要为一定的教学目的服务，体现教学目的。离开了教学目的，板书设计也失去了意义。在设计板书时，教师要认真钻研教材，弄清楚教学目的，并把教学目的落实到每一课时；本课时要着重解决教学中的某一个问题，设计板书就围绕这一问题去进行，让板书真正成能够为突出重点、突破难点发

挥作用。

3. 板书要有启发性

板书是一种无声的语言，好的板书要交给学生学习的钥匙，让学生用它打开知识的大门，自己去发现教材中的问题，自己去获得知识。这就要求教师根据学生的认识能力和教材特点用形式科学的板书去准确地反映教材的内部联系，让板书的形式与教材的内容高度统一；学生通过观察板书能引发思维，仔细体味板书设计意图能受到启迪。

4. 板书内容应直观性强

板书的设计遵循直观性原则。中小学生的思维还没有得到充分发展，对语言的理解能力还不很强，板书的直观在一定程度上可以弥补这些不足。在板书设计中，应尽可能地采用图形、图表来作板书陪衬。

二、板书的设计形式

一幅好的板书，不仅在内容中概括分析、准确精要、恰到好处、浑若天成，而且在形式上也各具一格、自成一体、结构精巧、情趣横生。板书的形式是由学科的性质、教材的特点、教师的教学风格和学生的认识水平所决定的。常见的有以下几种形式：

1. 提纲式

提纲式是按课文内容和教师的讲授顺序，提纲挈领地编排板书内容，这种形式的板书能够突出课文的重点，便于学生抓住要领、把握内容、加深印象，培养学生的分析概括能力。它比较适合用于结构完整的课文。

2. 词语式

常用于课文词语生动、词汇丰富、用词准确地表达作者鲜明的思想感情，或课文出现大量生字新词、学生又难以理解的，或要求背诵、复述的课文。这类板书可以丰富学生的词语，加深对课文内容的理解，提高学生的写作能力。例如，《白杨礼赞》，紧扣白杨树的"不平凡"，逐层揭示白杨树的象征意义，同时抓住课文的词语让学生明白作者赞树的目的是为了赞人，不过不直接说，而是采用含蓄的方式，即用具体事物——白杨树，来表现作者的联想和寄托罢了。

3. 对比式

对比式是抓住课文中事物之间的美与丑、善与恶、真与假等对比因素去设计板书。以帮助学生从对照、比较当中理解课文内容，认识课文特点，获得深刻印象。它比较适用于有可比因素的课文。如《自相矛盾》一文，抓住那个卖矛又卖盾的人前后说的互相抵触的话，可设计如下对比式板书：

矛：锐　　　盾：坚固

不论……都……　　　不论……都……

戳得穿　　　戳不穿

自相矛盾

4. 线索式

线索式是以课文线索为主，去反映课文的主要内容，把课文的梗概一目了然地展现给学生。这种形式的板书，便于显示课文的思路，它比较适用于情节复杂的课文。如《草船借箭》一文，抓住课文内容展开的两条线索，就可设计如下的线索式板书：

明线：议箭　造箭　借箭　交箭（现象）

暗线：妒忌　暗算　刁难　失败（本质）

5. 特征式

特征式是抓住课文中的特征去设计板书，以突出人物的形象和事物的特点。这种形式的板书对于分析人物或认识事物有较大的作用，它比较适用于写景、状物或表现人物特点的课文。

6. 结构式

为了理清课文内容结构，用箭头、几何符号、学科专用符号以及各种标点符号来勾勒出各部分教学内容之间的关系去设计板书。它比较适用于内容关系紧密的课文。

7. 图解式

图解式板书是用文字、线条和符号，去组成一定的图形，让学生在直观形象的板书帮助下顺利地形成表象，展开想象，理解课文内容。这种形式的板书比较适用于理科学科。

8. 表格式

表格式板书是根据讲述内容可以明显分项的特点去设计出表格。提出相应的问题，在课堂上由师生共同讨论填写。这种形式的板书有利于指导学生一边理解内容，一边进行记忆，它比较适用于知识归类和复习小结课。如《长方体和正方体的认识》一课，可设计如下表格式板书：

长方体和正方体的认识

形状	面			棱		顶点
长方体	6个	6个面都是长方形（也有可能有两个向对面是正方形）	相对面的面积相等	12条	互相平行的四条棱的长度相等	8个
正方体	6个	6个面都是正方形	6个面的面积都相等	12条	12条棱的长度都相等	8个

三、说板书设计的基本要求

说板书设计，是说课的非口语表述的内容。尽管说课以口语表述为主要内容，说课的科学含义就是口头表述教学设想、教学效果及其理论依据，但非口语表述也是非常重要的说课内容。因为在实际课堂教学中，板书是教师教学的必要手段和重要表达形式，它对取得教学的良好效果起着重要作用。任何现代化的教学技术和手段都不可能替代板书的作用，这就是优良的传统教学手段，必须坚持并加以合理运用。因此，要求说课时，必须说好自己的板书设计这一重要内容。

说板书设计要说明板书计划。应根据本课题的教学内容去设计本板书内容，考虑如何使用黑板，如何使用彩色粉笔。板书分为系统板书和正板书，以及辅助板书和副板书。说课时要说明如何使用各种板书，将讲课内容系统而有重点地条列出来，这样便于学生掌握所讲内容的梗概。系统板书和正板板书应安排板书教师的讲授提纲。如基本概念、重要结论等。通过这种板书系统地反映出教师讲授的主要内容和教学的思

路，并借此启迪学生的学习思路。这样的板书就成了接通师生思路的"媒介"。如何运用板书也反映了教师素质和教学能力的高低。板书是全课的纲要，集中了全部信息的关键点，见板书而知其教学内容和功效。

如何说练习设计及设计意图

　　课堂练习是课堂教学的重要组成部分。它是学生掌握知识、形成技能、发展智力的重要手段和必要途径。因此，教师精心设计每堂课的练习，是完成教学任务、减轻学生负担、提高教学质量的重要手段，必须引起足够重视。练习设计既要使学生巩固所学基础知识，形成技能技巧，又要发展学生的逻辑思维能力，培养学生解决实际问题的能力。因此，教师编题要讲究科学性、针对性和有效性，做到每次练习都要有重点、有目的，应体现由浅入深、逐步递进、构造合理的序列，使学生保持浓厚的学习兴趣，顺着台阶上。另外，由于教学内容不同、目的不同、课型不同，练习的方法也有所不同。

　　练习是课堂教学中的一个重要组成部分，在教学设计时，应充分设计好相应的练习题，让学生通过练习，进一步巩固知识、提高能力。在说课的过程中，应说明练习题的设计以及设计意图。

一、练习设计应遵循的基本原则

　　1. 科学性原则

　　练习是为教学目的服务的，因而练习的设计必须符合学科课程标准中所规定的各年级的教学内容和提出的教学要求，要准确地把握住各部分知识结构中的重点和难点，练习设计必须符合学生思维特点和认知发展的客观规律。

　　2. 针对性原则

　　练习的设计一定要从教材内容和学生基础这两个方面考虑。要克服不从客观实际出发的主观主义和形式主义的做法，做到有的放矢。

　　3. 层次性原则

　　练习的设计要由易到难、由浅入深、由单一到综合，要有一定的坡度。练习应促进各个层次的学生的发展，让每个学生都得到不同的收

获。无论做什么练习都要面向全体学生，让全体学生都有练习的机会，都能得到提高。

4. 多样性原则

练习的形式多样，有利于学生学习兴趣的激发和思维的发展。更加加强知识的应用性和开放性，培养灵活应用知识和解决问题的能力。

5. 勤灵活性原则

练习的设计要有利于促进学生积极思考、激活思路，充分调动起学生内部的智力活动，使其能从不同方向寻求最佳解题策略。通过练习要使学生变得越来越聪明，思维越来越灵活，应变能力越来越强，而不被模式化的定势所禁锢、所束缚。

二、练习设计的有效策略

1. 练习目标要适度

练习是教学的有机组成部分，它的目标要以教学目标为本。这个"本"，既有内容的框架，又有分量的限制；既要达成共识的巩固、技能提升、方法掌握的目标，又要让学生的情感、态度与价值观得以彰显。同时，练习设计的内容要体现"运用课堂知识解决实际问题"的精神，针对教学的重难点，不出偏题、怪题，避免助长学生死记硬背的重复单一的抄写题目。在内容上要与课堂知识匹配，在数量上适量，在题型上要有创造性和富于变化，让学生喜欢，愿意参与。但知识含量、思维含量一定不能少。

2. 练习层次有坡度

设计练习，要考虑学生的知识水平和能力水平，在要求上注意减缓坡度，采取"低起点、小梯度、多训练、分层次"的方法，对一些难度较大的题目适当增加"台阶"，将教学目标分解成若干递进层次逐层落实，由浅入深，由易到难，依次呈现。在练习要求上应该分层次，对不同层次上的学生提出不同的要求。这样，从实际出发，控制好练习的"坡度"，就能让练习成为学生能力发展的重要组成部分。

3. 练习内容有厚度

练习的厚度侧重于在一个练习中负载更多的知识元素和思维元素。

在设计练习时应横向拓展和深度挖掘，更注意整合，并辅之以多样化的练习形式。丰盈练习的厚度，以"少而精"的练习量和灵活多样且富于创新的练习形式，增加学生主动练习的愉悦，开启学生的思维之门、智慧之门。

4. 练习设计有角度

同一模式易给学生带来思维疲劳，新颖的形式会刺激学生的神经中枢，提高学生参与兴趣，训练学生思维的灵活性。为此，设计练习要不断变换角度。"一干多枝"式的设计思想、"一题多解"式的练习方式均着眼于提高学生的学习质量和应变能力。只要围绕"知识与能力"这个点和教学目标这个"宗"，不断变换视角，就能实现学习质量与应变能力的提升，实现知识掌握与思维训练的和谐统一。

三、练习设计的基本要求

1. 说明练习设计的内容

在说练习设计时，首先应说明练习设计的内容。如哪些是选自教材中的练习内容，哪些是教材练习的改编、整合题，哪些是选自教材外的补充练习题。

2. 说明练习设计的意图

课堂练习是使学生掌握知识、形成技能、发展智力和培养学习和运用所学知识解决实际问题的有效手段。为此，说课时应说明练习设计的意图，即针对重点知识、易混淆知识、易出错的知识采取针对性训练或对比练习，巩固所学知识。设计变式练习，防止和克服思维定势的消极影响，以培养学生思维的灵活性；设计一些联系生活的练习，以培养学生运用所学知识解决实际问题的能力；设计开放练习，以培养学生的发散思维能力等。

3. 说明练习的分层次要求

根据新课标的理念，不同的学生应得到不同的发展，因此，在说练习设计时，应根据学生的差异情况，说明哪些是课标要求学生普遍应完成的基本题目；哪些是要求中等生完成的题目；哪些又是上等生需要完成的题目等等。通过不同的练习，让学生在不同的平台上，都能得到发展。

如何撰写说课稿

说课稿的撰写，形式不拘一格，重要的是把握内容和理论与实践的内在联系。撰写说课稿的过程，其实就是教师根据教学内容，在教育理念和课程标准指导下，联系学生和教学实际，构想策划教学的过程。这个过程对教师成长有巨大的促进作用。

一、说课稿与教案的区别

说课稿与教案有一定的联系，但又有明显的区别，不应混为一谈。说课稿是在个人钻研教材的基础上写成的，说课稿不宜过长，时间应控制在要求的范围内；教案只说"怎样教"，而说课稿重点说清"为什么要这样做"。教案是教师备课这个复杂思维过程的总结，多是教学具体过程的罗列，是教师备课结果的记录，是教师进行课堂教学的操作性方案。说课稿侧重于有针对性的理论指导的阐述，它虽也包括教案中的精华部分（说课稿的编写多以教案为蓝本，作为参考的第一手材料），但重要的是要体现出执教者的教学思想、教学意图和理论依据，即思维内核。简单地说，说课稿不仅要精确地说出"教"与"学"的内容，而且更重要的是要从理论和实践结合上具体阐述"我为什么要这样教"。教案是平面的、单向的，而说课稿是立体的、多维的。说课稿是教案的深化、扩展与完善。

二、说课稿撰写的特点

1. 简明扼要、写出根据，体现说课特点

"说根据"是说课稿的特点。说课讲稿写作，要少写教什么，多写怎样教，对重要设计要写出为什么这样教。但是，在具体实践中，有的教师花了不少篇幅写对具体教学内容的理解和分析，对教什么写得太多，对怎样教则写得太少，对为什么这样教几乎没有写。这样的"说

课讲稿"，连合格的教案也算不上，更不能算合格的说课讲稿了。因此，在写说课讲稿时，要写好根据，以体现说课稿的特点。

2. 注意突出重点，恰当撰写根据

写教学设计根据时应准确、恰当。重要的、有特点的或别人不易理解的教学设计，需要写出根据。一般的、简单的教学设计，就不必写出根据，以突出重点。

3. 重视内在联系，树立整体观念

写说课讲稿，需要重视教学设计与根据的内在联系。写出的根据要贴切、具体、实在、有针对性，与教学设计水乳交融、有机结合，而不至于成为硬贴在教学设计上面的标签。同时，要树立整体观念。某一部分的教学设计，在另一部分或另几部分要有所呼应、有所体现，使整个说课讲稿浑然一体，不能彼此脱节，更不能互相矛盾。

4. 多种形式书写，力求简便易行

说课讲稿在写作形式上应该灵活些，以便更好地体现简要的特点。可以采用以下几种写法：

一是套写法：在每个重要的教学设计后面，紧接着写出根据。

二是表格式：有教师在教学设计旁边写出理论依据，并用表格形式规范起来。这样写的好处是整体性强。

三是插写式：在备课教案的天头、地脚、纸边及各行之间的空白处，分别写上各个重要教学设计的根据。这样写的好处是将已写成的备课教案改写成简要说课讲稿很简便。

四是添页式：把根据写在白纸上，贴在教案的相关位置。这样做的好处是便于将备课教案改写成说课讲稿，写根据少受篇幅的限制。

三、说课稿的内容要点

说课稿的撰写还没形成某种固定的模式和格式，目前有很多不同的方式方法，由于说课者个人的修养与能力差异，体现出不同的说课风格。

说课稿的其他内容可以划分为以下几个部分，即课程标准与教材分析、教学方法（参考或使用的主要配套资料、教辅资料、教学设施等）、教学过程、教学效果分析和板书设计与其他说明等。

掌握说课的要求

说课实践中，不少教师把听者当作学生的而进行讲课；有的把教案复述出来以为就是说课；还有的教师说课时担心时间不够，"超速行驶"听得人云里雾里；也有教师说课时平铺直叙，让人昏昏欲睡。那么说课应该如何着手，有哪些要求呢？

从不同的角度看待问题，对说课的要求各异。首先，从说课的功能、作用、实效性和教师发展角度出发，对说课实践有不同要求。其次，从说课分析开始，到说课流程和内容层面看，也有相应规则可循。

一、说课的基本要求

为确保说课的成功，我们应努力作到以下几点：

1. 理论与实践相结合：突出理论性，诠释教学思想；联系实际，具有可操作性

说课不是宣讲教案，不是浓缩课堂教学过程。说课的核心在于说理，在于说清"为什么这样教"。因为没有在理论指导下的教学实践，只知道做什么，不了解为什么这样做，永远是经验型的教学，只能是高耗低效的，这样成长起来的教师只能是"教书匠"。因此，执教者必须认真学习教育教学理论，主动接受教育教学改革的新信息、新成果，并应用到课堂教学之中。简单地说，有什么样的教学设计，就有相应的理论依据。

说课，不但要做到运用理论，言之成理；要做到联系实际，言之有据。再高明的理论如果脱离实际或不合实际，都只能是空洞的无用的东西。为什么一些特级教师的教学经验难以推广？为什么一些成效显著的教学模式不能转化为教师行为？一个重要原因，就是它们距离大多数教师可能做到的程度还比较远。这就需要从教师现实水平出发一步一步地改进和提高。当然，此外有学生的实际、学校的实际、社会的实际。只

有说课内容以这些实际为基点、为前提、为依据、才能真正做到言之成理。

说课的内容必须客观真实、科学合理，不能故弄玄虚、故作高深，生搬硬套一些教育教学理论的专业术语。要真实地反映自己是怎样做的，为什么这样做。哪怕是并非科学、不完整的想法和做法，也要如实地说出来。从而引起听者的思考，通过相互切磋，形成共识，进而完善说者的教学设计。

说课是为课堂教学实践服务的，说课中的一招一式、每一环节都应具有可操作性。如果说仅仅是为说而说，不能在实际的教学中落实，那就是纸上谈兵、夸夸其谈的"花架子"，使说课流于形式。

2. 体现教研培训功能：追求新意，给人启迪；灵活多样，注重实效

说课要通过理性思辩给人以理论滋养和教益，又要通过创造性的工作使自己的说课内容富于启发性而给听者带来某种灵感或启示。否则，陈陈相因，沿袭旧套，照搬教材或教参，毫无生机和新意，那能给听者带来些什么呢？搞这样的活动又会有多大意义呢？

追求新意是在遵循规律和常规的基础上吸收新信息，把握新动向，开拓新视野，运用新思维，树立新观念，应用新理论，进行新探索，总结新经验，提出新构想，制定新对策的过程及结果。

正如上课没有固定的模式一样，说课也没有一成不变的内容和形式。说课可以针对某一节课的内容进行，也可以围绕某一单元、某一章节展开；可以同时说出目标的确定、教法的选择、学法的指导、教学程序等全部内容，也可只说其中的一项内容，还可只说某一概念是如何引出的，或某一规律是如何得出的，或某个演示实验是如何设计的等等。要做到"说主不说次，说大不说小，说精不说粗，说难不说易"；要坚持有话则长、无话则短、不拘形式的原则，防止囿于成规的教条的倾向。同时，说课要体现教学设计的特色，展示自己的教学特长。实践才是检验真理的标准，只要符合实际、注重实效、便于实用，就是可取的。

3. 把握环节：详略得当，突出重点；整体流畅，有层次感

要在顾及整体背景和基本方面的前提下，确定并突出自己的说课重

点，以便在有限的时间内能充分地展开，把事理说透。否则面面俱到，蜻蜓点水，什么也说不清楚谈不透。确定重点的依据有主客观两方面因素。首先在客观上，一是课题本身存在的重点，二是估计听课者感兴趣的或需要解决的问题；其次是主观上自己觉得能够说得清楚或者说得深刻的关键点。当然，做到主客观统一更好。

说课应保持流畅，不要作报告式地出现许多1，2，3……几个环节过渡要自然。比如，教材分析后，要确定目标时，可以这样说："基于对教材的理解和分析，本人将该节课的教学目标定位为……"，或者"下面我侧重谈谈对这节课重难点的处理"。

另外还要有层次感，不要面面俱到，不要将说课说得过细。我们要说的都是一些教学预案，所以要多谈谈学生学习中可能碰到的困难和教师的教学策略。这里的层次针对某一教学环节来说也是如此。比如，在重、难点处理上，你设计哪些问题，如果第一套方案不行，第二套方案有怎样的安排等；在练习中你安排了哪些练习，有没有体现出层次性等。

4. 区分教案与说课稿：利用教案，超越教案

应该承认，教案内容与说课内容有一定的重合部分，如教材分析中的重点、难点，教学过程的主要环节等等。但总的来看，说课决不是教案的再现或重复，而是以教案为原料进行再加工、再创造的结果，即使重合部分也不能照搬、照说，而须做深入的理性思考和说明。

二者之间的区别：

①教案只呈现其然，说课须讲清所以然；

②教案不写理论，说课要说理论；

③教案只是说明，说课还要议理；

④教案可平铺直叙，说课须重点突出；

⑤教案中的教学方法融入教学过程中，说课强调学法，并先于教法；

⑥教案的施予对象是学生，说课的施予对象是老师；

⑦教案要用高度概括的语言，尽可能浓缩，简洁，说课则须讲究语言的逻辑性、连贯性甚至演讲的艺术性。

总之，我们提倡说课立足于教案，但须超越教案。

5. 媒体辅助，直观快捷

现代教育媒体的发展，改变了传统教学中"一张嘴、一本书、一支粉笔、一块黑板"的单调，增大了课堂信息含量。多媒体由于具有图、文、声、像并茂的特点，所以，它能提供理想的教学环境，并将改变教学模式、教学内容、教学手段、教学方法，因而，合理运用多媒体技术不仅能帮助学生搞好学习，而且还能培养学生的创新精神、创新意识和创新能力。

多媒体说课课件的内容主要来自于教学实践和教学设计，其取材多来自多媒体教学课件中。教师可以截取教学课件内容的精彩片段，为说课课件所使用，如介绍二次方程的图形变化的动画可以为说课课件采用，反映椭圆定义外延和内涵的三维动画也可以为说课课件采用。因而多媒体说课课件制作的目的应该是追求再现教学过程，应使教学内容的安排合理化，不能使多媒体说课课件与多媒体教学课件的制作分离。利用多媒体说课，借助图片、动画和影像等解决课堂教学的重、难点，形象展示教学流程，要让同行或专家在听说课过程中受到启迪。

二、说课的构思要求

说课顾名思义说的是"课"，说自己对于"课"的理解，是经过对"课"的研究之后的结果。告知所说的"课题"是说课的开始，又是一个"准备——实施——目标达成"的完整过程。因此，我们可以从这三个方面来展现：其一是准备，即为教学准备阶段而进行的教学背景分析，由教学需要、教学内容、教学环境和教学策略构成。其二是实施，由教学过程中的各主要环节、教学媒体和教学方法手段构成，主要解释怎么做，为什么这么做。其三是目标达成，亦对教学目标的达成而进行的教学预测或反思，也就是对本课教学设计所引起的教学效果的预测或评价，以及对自己教学设计的评价与反思。

如何展示"课"中诸因素？教学中的诸因素是一个辩证统一的有机体，教学目标基于对教学内容和学习对象原有的认知结构的分析；教学内容则出于教学需要的考虑；而学情则是对学习主体在动机原理和学

习特点上的认识。基于以上的认识，才能科学、合理地用现代教育教学理论为教学方法、策略、过程提供事实上、理论上和逻辑上的依据，制定教学策略。教学过程是教师的教学观念、思想方法、策略和技术在教学活动中的具体体现。教学预测或评价，是教师教学反思从感性上升到理性的一种最直接、最有效的行动研究途径，也是教学反馈和教师教学认知能力的发现。

因此，说课在点明课题后应分为三个层次来展开。首先点明课题，接着是第一层次即教学背景分析：陈述学习需要——分析教学——描述教学环境；然后为第二层次（即教学）展开分析：解说教学策略——呈现教学实施——说明教学媒体选择和运用；之后是第三层次，即教学设计和教学结果（预测）评价：他人评价与自我评价。

1. 教学背景分析

教学总是在一定的起点上进行的。学习需要是教学起点，也是教学背景分析的起点。

（1）陈述学习需要。

教是为了学，学习需要就是我们的教学需要。在教学中的学习需要是一个特定的概念，是指学生学习的"目前状况与所期望所达到的状况之间的差距，"即学习需要是学生的学习现状与教学目标之间的差距。通过学习需要的分析，我们可以了解以下三点：①发现学生学习中存在的问题；②分析产生问题的主要原因，以确定在教学活动中解决该问题的方法和途径；③回答"为何教"的问题。因此，在教学需要中，我们主要从两方面入手：一是学习者起点分析，二是学习者的终点认识。

学生起点分析。学生进入教学前的学习状态，即原来具有的知识、技能、态度等是我们在这里所要关注的。不同学生的学习起点不一样，学习个性、风格也不尽相同。教师首先要分析学生的知识准备状态，了解他们对新的学习所具备的相关的知识掌握程度；其次要了解学生的能力贮备状态，了解他们对新的学习所具备的相关知识掌握程度，这里主要指在学习中所具备的认知加工和认识能力；再次要能够预先判断学生对新的学习的关注和接受程度；最后还应了解学生的学习方式。

值得一提的是，一直以来这一环节往往被忽视，或者仅靠教师的想当然，或者仅对学生的原有知识做个大致理解，较少对他们的态度和学习方式做出判断。只有对全体学生从知识、技能、态度、风格这几个方面去关注，才能在教学中真正体现"以学生发展为本"这一课程改革的新的理念。

学习目标（终点）分析。教学目标的确立有助于教师明确学生"学什么"和教师事后检查学生"学得怎么样"，有助于教师明确学生"怎么学"教师"怎么教"的问题。

值得注意的是，在新课程标准的理念下的教学目标，是反映学生通过一段时间的学习后产生的行为变化的最低表现水准或学习水平。因此，目标的陈述必须从学生的角度出发，行为的主体必须是学生，而不是以教师为目标的行为主体；目标应围绕"学生在学习之后，能干些什么"，或者"学生将是什么样的"来描述。必须描述所期望的近期的教学成果，而不是很远的未来。

对于目标的陈述该具体化，使其具有可观察性、可操作性、指向性和可评价性。一堂课的目标应该分解为具体的几项目标来完成，有对于实现目标所应有的行为样例的描述，如课程标准中指出的那样，指出学生的行为样例，如"能从具体事例中，知道或能举例说明事物的有关特征（或意义）；能根据目标，使教师能够及时获得有效的教学反馈。"

（2）教学任务分析。

新的课程理念是"以学生的发展为核心"，因此，分析教学任务不仅应该了解和掌握知识本身的概念、性质和思想方法，还应该对于知识的发生和发展有更多的了解和掌握；不仅应该知道其重点和难点，更应该知道为什么是重点和难点。因为，一方面，学生的学习不再是一种接受式的学习，还应该有创造性的学习，学习过程也是一种再创造的过程。另一方面，学生在学习中的情感发展、问题解决能力也是学习任务的一部分。因此，不仅应该分析教学内容，还应该关注学生的情感发展和解决问题的能力。

（3）教学环境描述。

不同的教学环境下的教学策略也有所不同。教学环境是一个教学设

计时必不可少的因素。从教室的选择到师生关系以及学生的学习心理和教师的教学心理状态，都是教学环境的组成部分。

师生关系是教学环境中的一种软环境。新课程理念下的师生关系，教师已从过去的"绝对的权威"转向"平等的首席"，教学是在一种更为平等、民主合作的环境下进行。说课应该关注到这种软环境的营造。

现代教育技术已更多地引入课堂，教室环境的选择从过去单一形式发展到多样化，这就要求教师根据教学需要来创设更好的条件。

2. 教学展开分析

教学背景分析为教学做好准备之后，接着应该展示对教学过程设计的思路。它关注的是课中的"教与学"活动的结构，以及为目标所达成所采用的方法手段和措施。

课堂教学活动主要是教学内容、师生行为和教学策略这三部分的有机结合组成。对教学展开分析目的就是使教师将不自觉的教学行为转化为一种自觉的、有意向的和高效的教学行为。

教学过程的展示主要展现教师如何引发学生的动机、如何展开教学内容、如何安排教学程序以及采取何种手段来达到反馈和强化学习结果。

（1）教学策略制定。

教学策略是教学目标落实的保证，也是课堂教学得以进行的前提。从宏观上，教学策略中首先要求创设适合于学生认知差异的教学组织形式和使用适合认知差异的教学手段，通过教师提供的良好的教学环境和措施来完成个体的认知建构。在新课程理念指导下，还需要充分考虑到探究性学习、合作性学习等学习方式的合理运用，让学生在探究中体验知识获得的过程与方法，学习科学探究的方法与精神。

从微观上，教学策略必须针对不同的知识类型和认知过程进行选择。不同的知识应该采用不同的教学设计和教学策略，学生也需要不同的学习策略。如对陈述性知识可能主要是记忆和理解，而对程序知识的学习和掌握一般首先是理解有关的概念和规则（也就是将此作为陈述性知识学习），然后通过变式练习获得程序性知识。

练习是教学中不可缺少的一个环节，也应该加以重视，教师为达到

教学目标应进行有目的、有计划、有层次的练习，并落实到教学的各个环节。

反馈调控的运用以及对教学做出怎样的评价也是制定教学策略时不可缺少的一部分。但是，实际上很多教师较少关注这一环节。因为，一方面它带有很大的随机性，所以不易事先确定下来；另一方面反馈调控是基于现代教学理念下的一种教学策略，以学为主导，而不是传统的以教为主导的传授式教学。在新课程"以学生发展为核心"的理念下，关注学生的知识的获得、关注学生的能力的培养、关注学生的感情，关注学生的个性品格都将是课堂评价的主旋律，因此，课堂教学中的反馈调控显得更为突出和重要。

（2）教学策略实施。

怎样使教材、教法、学法的解说与教学过程的叙述统一起来呢？通过教学策略实施的呈现，能够使上述几因素都得到充分显示。教学策略是引发学生学习结果的一组教学材料和程序。通过它可以依次说清楚教（学）什么、怎么教（学）、为什么这样教和这样教（学）的结果。通过教学流程图即可将教学的各个环节清晰、完整地展现出来。

（3）教学媒体选择和运用

这是一个不容忽视的因素。课堂教学是以信息交流为主要活动载体而存在，媒体在教学中的作用不可低估。教材、板书、幻灯、课件等都是交流的重要载体。媒体的选择主要从任务、学习者、教学管理、经济、技术和管理这六个因素去考虑。

板书容量大并能较长时间地呈现和存贮课堂交流的信息。合理、科学、经济和美观的板书设计作为信息呈现的主要媒体，有较强的实效性——板书的设计应该加以陈述。

3. 教学设计和教学结果评价

这一内容是针对教师教学认知的能力要求而提出的，能够更好反映教师自我认识教学、反思教学能力和提高教师对教学的评价能力，是说课中不可缺少的一个重要环节。

说课可以是课前或课后进行。课前的说课，一般是针对为完成教学目标而设计的教学策略而进行的交流，而课后的说课，侧重于运用教学

策略后的效果的报告。因此说课中这一活动环节也有两种不同的评价内容。若课前说课，对其教学设计实施以后可能出现的结果进行预测；若课后说课，则对其教学设计实施以后的教学结果与预期目标作一番比较，从中总结经验教训，并对原有设计提出改进，以提高教学设计能力。

评价有自我评价和他人评价两部分。在说课活动中，一个突出的问题是往往比较注重"说"，而较少开展"评"，尤其是他人参与的评价更少。另一个问题是评价缺少深度和广度，带有传统教研的痕迹，只管对教材的处理提出见解，较少在教学理念、目的、策略、评价方面做进一步的探讨。这样显然不能完全体现完整意义上的说课。如何将说课充分、完全、有效地开展，值得进一步思考。

三、说课的内容要求

说课的内容主要有以下五个方面：

1. 说课标

说课标就是要把课程标准中的课程目标（三维目标）作为本课题教学的指导思想和教学依据。

说课标，要重点说明有关课题教学目标、教学内容及教学操作等在课程标准中的原则性要求，从而为自己的教学设计寻找到依据。说课标，可以结合到说教材中去进行。

2. 说教材

教材是课程的载体。能否准确而深刻的理解教材、高屋建瓴地驾驭教材、合乎实际地处理教材、科学合理地组织教材，是备好课、上好课的前提，也是说课的首要环节。

说教材的主要要求：①说清楚本节教材在本单元甚至本册教材中的地位和作用，即弄清楚教材的编排意图或知识结构体系。②说明如何依据教材内容（并结合课程标准和学生）来确定本节课的教学目标和任务。课时目标是课时备课时所规划的课时结束时要实现的教学结果。课时目标越明确、越具体，反映教者的备课认识越充分，教法的设计安排越合理。分析教学目标要从知识与技能、过程与方法、情感态度与价值

观三个方面加以说明。③说明如何精选或重组教材内容，并合理地扩展或加深教材内容，通过一定的加工将其转化为教学内容，即搞清各个知识点及其相互之间的联系。④说明如何确定教学重点和教学难点。⑤说明教材处理上值得注意和探讨的问题。

3. 说学法

现代教育对受教育者的要求，不仅是学到什么，更主要的是学会怎样学习。实施课程标准后，要求教师转换角色，基于这一转变，说课者就必须说明如何根据教学内容、围绕教学目标指导学生学习，教给学生什么样的学习方法，培养学生哪些能力，如何调动学生积极思维，怎样激发学生学习兴趣等。说课活动中虽然没有学生，看不到师生之间和学生之间的多边活动，但教师的说课过程中要体现以学生为主体，充分发挥学生在学习活动中的作用，调动学生的学习积极性。说课应在最大程度上体现课改精神——教师是课堂教学的组织者、引导者、参与者、启发者。

具体要说清两大问题；

第一，针对本节教材特点及教学目的，学生采用怎样的学习方法来学习它？这种学法的特点怎样？如何在课堂上操作？

第二，在本节课中，教师要做怎样的学法指导？怎样使学生在学会过程中达到会学？怎样在教学过程中恰到好处地融进学法指导？

4. 说教法

说教法，应说出"怎么做"的办法以及"为什么这样教"的根据，具体要做到以下几个方面：

（1）要说出本节课所采用的最基本或最主要的教法及其所依据的教学原理或原则。

（2）要说出本节课所选择的一组教学方法、手段以及它们的优化组合及其依据。无论以哪种教法为主，都是结合学校的设备条件以及教师本人的特长而定的。要注意实效，不要生搬硬套某一种教学方法，要注意多种方法的有机结合，提倡教学方法的百花齐放。

（3）要说明教师的教法与学生应采用的学法之间的联系。

（4）要重点说如何突出重点、化解难点的方法。

5. 说教学过程

说教学过程是说课的重点部分，因为通过这一过程的分析才能看出说课者独具匠心的教学安排，它反映着教师的教学思想、教学个性与风格。也只有通过对教学过程设计的阐述，才能看出其教学安排是否合理、科学，是否具有艺术性。说教学过程要求做到：

（1）说出教学全程的总体结构设计，即起始——过程——结束的内容安排。说教学程序要把教学过程所设计的基本环节说清楚。但具体内容只须概括介绍，只要听讲人能听清楚"教的是什么"、"怎样教的"就行了，不能按教案像给学生上课那样讲。另外需注意一点，在介绍教学过程时不仅要讲教学内容的安排，还要讲清"为什么这样教"的理论依据（包括大纲依据、课程标准依据、教学法依据、教育学和心理学依据等）。

（2）重点说明教材展开的逻辑顺序、主要环节、过度衔接及时间安排。

（3）说明如何针对课型特点及教学要求，在不同教学阶段师与生、教与学、讲与练是怎样协调统一的。

（4）要对教学过程做出动态性预测，考虑到可能发生的变化及其调整对策。

以上五个方面，只是为说课内容提供一个大致的范围（还可以有教辅材料、板书设计以及其他说明等），并不意味着具体说课时都要面面俱到，逐项说来，而应该突出重点、抓住关键，以便在有限时间内进行有效的陈述。该展开的内容充分展开，该说透的道理尽量去说透，这样才能取得良好的效果。

众所周知，作战前制定作战方案，手术前要订医疗方案，同理，上课前要确定上课方案。把上课方案说出来，简言之"说课"。说课是教师按照素质教育的要求，依据课程标准、教学理论，对教学内容、教学目标、教学方法、教学程序等进行创造设计和阐述的一种教研形式。要说好课，得精心构思，不可信口开河，因此，掌握一定的说课方法十分必要。

四、说课方法的概念与意义

1. 说课方法的概念

说课方法是指说课活动，这种活动有明确的目的，说、听双方的活动相互作用和配合，又受说课原则调节和支配。这种活动还需运用某种途径和手段。说课方式和手段不同，说课活动的程序与步骤就不同。因此，说课方法从广义上理解，就是由一定程序和步骤构成的说课活动。

狭义的说课方法是指说课的具体活动。这种活动是由说者和听者为完成说和听的目的任务，采取的特定的途径和手段。例如，说课讲评法，就是为了完成说课目的和任务，采取说者讲述和听者评述的手段，而进行的说、听双方相互作用的活动。在这一说课方法的定义中涵盖两个重点：一是说课方法包括说和听双方的活动，不能片面地理解为说课方法仅是说的方法说的活动，而不包括听的方法和听的活动；二是说课方法是运用说课手段和途径而形成的活动。

说课方法是实施说课的手段和途径，是说课使用的工具或武器，只有借助于这些工具和武器，我们才能有效地展开活动，完成说课的目的和任务。

2. 说课方法的意义

说课方法对说课活动具有重要的理论意义和实践意义。对此，首先从方法与目的、效果的关系的一般原理来阐明。我们知道，最有价值的知识是方法的知识，那么，说课中如无正确的说课方法，即教师水平再高，也必然陷入盲目。可见说课方法在说实践中具有重要价值。关于说课方法的价值，根据教学科研的成果，可用下列公式表示

$$\text{说课方法的价值} = \frac{\text{说课效果}}{\text{说课者劳动量投入} + \text{听者劳动量投入}}$$

从这一公式中可以看出。说课方法对实践具有极为重要的意义。说课首先要得法。在说课实践中，由于采取的说课方法不同，其说课效果也迥然不同。广大教师在说课实践中勇于探索，创造出不少行之有效的好的说课方法。

比如有的教师在说教法和学法时，总结出如何创造性运用讲说法：教法与学法分开说，合在一起说，穿插在教学步骤设想中说等。他们还

通过多年的说课实践，总结出运用此法的收获和体会。他们认为公开述说，可让听者一开始就清楚说者的教法和学法是什么，以便在后边的听课中有目的地去识别这种教法运用得是否恰当。由于创造性地运用讲说法，他们较好地完成了说课任务，提高了说课质量。

五、制约说课方法的主要因素

要把课说好必须讲究说课方法。但说课方法不是随意制订的，它在说课实践中提炼产生，同时又受着多种因素制约。它也不是一成不变的，而是随着制约因素的发展变化而发展变化，同时，它也并非消极地受制约因素所决定，它又反过来积极为制约因素服务。制约说课方法的因素可概括为：

1. 说课方法受说课目的和任务制约

说课目的和任务制约说课方法。依据目的和手段的关系，一定的目的，要求采取一定的方法手段才能达到。方法直接受目的制约，又为实现一定的目的服务。在说课中一定的说课目的，要求采取一定的说课方法去实现，而一定的说课方法又是为说课目的和任务服务的。因此在说课目的任务确定后，就要解决说课的方法问题。

在说课实践中依据说课目的任务不同，将说课划分为各种类型。由于各类说课目的任务不同，决定采取的说课方法也不同。

如研讨性说课目的任务是教师同行共同研讨教学中的问题，由此决定采用论说法说课；而检查性或评比性说课的目的认识考察说课者的教学能力和素质、水平等，因此决定采取讲说法说课，说者系统地向检查者述说自己的教学设想及理论见解，以便进行全面检查和评比。因此，说课中究竟采取什么方法，这要由说课的具体目的、任务决定。

2. 说课内容制约说课方法

说课方法除受说课目的任务制约，还受说课内容制约。说课内容直接决定说课方法，说课方法是为一定的说课内容服务的。因此，什么样的说课内容就要求采取什么样的说课方法。比如根据学科特点，理科的说课内容多采取演说法进行说课，而文科的说课内容多采用讲说法进行说课等。

3. 说课方法受说课者自身素质制约

每一种说课方法，都有其特定的功能的价值，关键在于能否使其发挥应有的作用，收到应有的功效，而说课者自身的素质条件则起着非常重要的作用。所以，在说课过程中，常会出现这样的情况，有的说课方法很好，但说课者缺乏必要的素质条件，驾驭不了，结果不能使之在说课实践中产生良好的效果。为此，说课者应对自身的素质条件进行分析、"排队"，对自己的特长和弱点做到心中有数。如有的说课者自身具有的特长是善于口头表述、朗读等，而弱点是粉笔字功底浅，又不善于板画等。那么根据自身素质条件，扬己之长而避己之短，就能使自身优势与说课方法统一在最佳的结合点上，取得理想的效果。

当然，每个说课者的自身素质也不是固定不变的，只要加强学习和锻炼，不断提高自身素质，劣势可以转化为优势，就能灵活地运用说课方法。

总之，由于说课方法受诸多因素制约，所以在说课实践中不能为方法而方法，不得孤立地考虑说课方法，而必须依据它的制约因素确定说课方法。另外教师还应学会继承发扬已有说课方法和吸收新的说课方法。那就是把书本上和经验中一些行之有效的教学方法吸收进来，运用于说课中，因此，在说课方法的研究和运用上应坚持"广种薄收"——广泛涉猎，选取最合适自己的。

六、说课方法与教学方法的异同

说课方法与教学方法基本上是一致的。表现在：第一，有不少的教学方法可以直接运用于说课中。比如各种方式的讲授法——讲述式讲授法、讲解式讲授法、讲读式讲授法等，只需改变讲授方式，即可成为说课讲述法、说课讲解法、说课讲读法、说课讲演法等。另有谈话法、演示法等，更可直接运用于说课，成为说课的方法。第二，说课中说教法，也要直接以此为内容和依据，说明怎样结合具体课题选用这些教学方法，并通过说课者自己在说课中实际运用这些教学方法进行说课。

说课方法与教学方法在实际运用中，由于目的任务不同，参与活动的对象不同，因而要求方式方法上，也要有明显区别。比如说课中的讲

述和讲解，不能要求如教学中那样详尽；再如说课中的谈话也不能采取对学生那样的启发和引导回答的方式进行等。因此，说课中不能照搬教学方法，一般教学方法也不能完全取代说课方法。只有注意二者的联系和区别，才能在说课中更好地运用这些方法。

七、实践中常用的说课方法

在说课实践中探索和总结出来的说课方法是丰富多样的，为便于更好地从理论和实践上进行分析研究，掌握它的特点及发挥作用的范围和条件，对其需要进行科学的分类。依据说课者运用的手段和途径来划分，可把说课方法划分如下：

1. 依附语言表述的说课方法

这一类说课方法，主要是借助于语言，通过说、听双方的语言交流，达到传递和转化说课信息的方法。这类方法的共同特点，是能突出地体现说课重在"说"的特点。口头语言表述是说课的最直接的方式，运用语言作工具达到使听者掌握说课信息和内容的目的，故这类说课法又称为语言传递为主的说课方法，是说课的重要方法。因为语言是交际的工具，是说课过程中重要的认识媒体。说课信息的传递、储存和检验主要靠语言手段，靠语言和现代化说课工具的配合使用，方能发挥更大的作用。此类说课方法包括讲说法、对说法和论说法等。

（1）讲说法。

讲说法是说课者运用口头语言，通过系统的讲说，向听者传递说课信息和内容的方法。它是目前在说课中应用最广泛的一种方法。

其主要特点：侧重于说课者的活动，是说课者运用口头语言作媒介，按照自己准备好的内容向听者进行述说。因此，在讲说过程中能有效地把说课信息和内容系统连贯地传递给听者。由于讲说法以说者为主，说课质量的高低，取决于说者自身素质和对讲说法的运用，这就充分发挥了说课者的积极性和主动性。

讲说法的功能：一是可以让听者对说者述说的内容有一个系统、完整而深刻的印象，便于对其作出评价；二是这种方法主要靠说课者的述说，不受场地、教具、设备等客观条件的限制，可运用于各种类型的说

课；三是能客观反映出并有效地锻炼和提高说课者的语言表述能力，而较强的语言表达能力，又是教师具备的基本功之一。

在说课实践中，说者的语言表达能力是直接影响说课效果的。有些说者语言生动、清晰准确。富有艺术性，有的则反之，而由此带来说课效果的反差极大。而运用讲说法说课，则可使说者的语言表述能力得到实际锻炼，进而为提高说课效果创造条件。

讲说法的局限性：运用这一方法虽能发挥说者的主动性，但易形成说课者在说课过程中唱独角戏。又因讲说法的特点是侧重说者的讲说活动，所以听者活动较少，不利于听说双方的互动。

运用讲说法的基本要求：首先要求说者必须认真组织好讲说内容，讲说内容要有高度的科学性、思想性和系统性，又要突出重点、突破难点、抓住关键，

讲说时要条理清晰、层次分明，前后问题要有严谨的逻辑关系，以便听者融会贯通；其次要处理好讲说与听的关系，在说课中切忌过分单一。运用讲说法，还需要与其他说课方法相结合，特别是语言艺术的运用，以充分调动听者参与活动的积极性，活跃说课气氛，保证说课的良好效果；再次是对说课者语言要求高。如要求讲说的语言要清晰、简便、准确、生动，并有较高的艺术性和启发性，还要恰当地运用板书，并注重听者对讲说效果的及时反馈等。

（2）对说法。

对说法是指说、听双方以对话的方式，进行说课信息交流的方法。它是说课中常用的方法。

对说法的主要特点：侧重与说、听双方的双边活动。是通过说者与听者进行谈话和问卷的方式进行说课。因此，说课者就某一问题说出自己的教学设想及理论根据，既可以请听者谈谈自己的观点和见解，也可以由听者针对说者的述说提出问题，让说者做出解答或重新说清楚。这就使说者和听者之间问和答交替进行，及时进行双方信息的交流，也充分调动了双方的积极性。

对说法的功能：一是能充分调动说、听双方的积极性；二是能使说者及时发现自己说课中的不足，并得到及时纠正，使述说更科学、更合

理、更完整；三是能促进说、听双方智能的发展。因说、听双方对话的过程也是一个不断生疑、质疑、解疑的过程，在此过程中，也就发展了双方的发现、分析和解决问题的能力。

对说法的局限性：运用这一方法虽能调动说、听双方的积极性，但由于说、听双方为探讨某些问题需要付出一定时间，不免会造成延误说课时间的后果。因此，在运用此法时，应加以适当控制。

运用对说法的基本要求：一是要求说者在备说时要做好说课对话的准备，要拟定好对话所需要的问题，列出对话提纲；二是应根据说课的目的任务以及教材特点决定能否采用对说法；三是说、听双方要针对各自提出的问题，充分交流观点和见解，力求问题解决得更透彻，特别在所说知识内容的科学性、思想性上要更精确、更经得起推敲，在所说教法和学法上更适合教材特点和学生实际；四是说、听要依据说课的主题展开对话活动，切勿在琐碎的问题或枝节性问题上纠缠；五是说、听双方注意紧紧围绕教材的重点、难点和关键及易混淆的地方进行对话，切忌过深过细，以致超出学生应该掌握的范围。

（3）论说法。

论说法是指说、听双方针对同一课题，以讨论、议论或争论的方式，就说课内容相互切磋的方法。它是说理中一种常用的方法。

论说法的主要特点：侧重于说、听双方不分角色的活动。论说法是在无特定说课人的情况下，参与说课者既是说者又是听者，就某一共同课题各自说出自己的教学设想及其理论依据，就此充分发表各自见解、展开深入的讨论和争论，最后得出正确的结论。由于这一方法是在民主、和谐的气氛中进行的，有利于各抒己见、共同提高，有力地促进了教研活动和说课研讨活动的深入开展。

论说法的功能：一是优于其他说课方法，能更好提高说课质量。讲说法是说者个人智慧的体现，对说法是说课者与个别听者的思想碰撞，而论说法则是集中说课参与者群体的智慧，可使教学设计更科学、更合理，从而提高说课质量；二是拓宽全体参与者的思维。通过在一起共同讨论和争论，不仅增加了相互了解，而且在相互启发中拓宽了各自的思路，使教学设计更宽一些、更活一些，也更完美一些。而且每人都有发

表见解的机会，充分发扬百家争鸣的学术氛围，既有利于提高说课效果，又发展了说课参与者的探索发现能力和分析判断能力。

论说法的局限性：运用这一方法虽能各抒己见，展开讨论和争论，但易失控，难以得到令人满意的结果。

运用论说法的基本要求：首先，参与说课的成员最好是同类学科教师，这样大家就有共同的目标和任务，就能更好地调动每个人的积极性，不致出现"冷场"现象；其次，针对说课内容，选准讨论和争论的问题，各抒己见，力争得出正确结论。如有不同意见，可求同存异，在实践中继续进行验证。

2. 以直观表演为主的说课方法

这类说课方法主要是指说课者借助于直观教具手段通过实地表演和演示进行说课的方法。它所借助的直观手段包括所说具体事物及其形象物，通过说者借以进行的实地表演和演示，让听者通过感官获得有关事物的鲜明印象或清晰的概念，故又称作直观感知的说课方法。

这类说课方法包括：一是说课者借助于直观教具的演示，叫做演示说课法，简称"演说法"；二是说课者借助一定教具、动作进行实地表演，叫做表演说课法，简称"表说法"。其共同特点是直观性、形象性和真实性。它在说课的认识活动中属于感性认识阶段，运用此法能更好地完成感性认识阶段的任务。而前述以语言表述为主的说课方法，属于说课认识活动的理性认识阶段，它能更好地完成理性认识阶段的任务，但必须以直观感知为基础，亦即必须有直观表演为主的说课方法相配合。以上两类说课方法结合运用，才能更好的完成说课任务。

（1）演说法。

作为说课的演说，是专指说课者借助教具演示的方式进行说课的一种方法，其特点和优点是它反映了由生动直观到抽象思维的认识活动规律，可把所说的抽象的认识具体化、形象化，使听者获得生动的感知，以便在此基础上通过抽象思维形成科学概念。说课若伴随着述说运用实物、图片、模型等教具，对某些内容进行演示，从而增加述说内容的直观性、生动性，即能极大地提高说课效果。

演示的种类按教具区分，可分为：①实物、标本、模型的演示；

②各种图表的演示；③幻灯、影视的演示；④实验演示；⑤其他各种现代化教学手段的演示等等。可根据说课的需要去选用或演示单个物体，或演示事物发生发展的全过程。它的作用，一是能增强说课内容的直观性；虽然语言述说也是说课信息交流的工具和形式，但其效果远不如给人呈现有关内容的生动形象效果更好，即常说的"百闻不如一见"；二是能够显示说课者运用教具及其他教学手段的能力。说课中，说者运用直观教具边说边演示，就是教师的基本功和动手能力的综合表演活动。它具有提高教师教学能力的功能。

运用演说法，要求做到：首先要作好充分准备、周密计划和详细安排，要根据说课的目的任务，准备好运用的教具及其他演示用的工具。还要说明如何安排演示，以及怎样演示；其次要说明如何引导学生充分感知所学对象，与听者共同研究如何动员与组织学生感知所学事物，使学生注意观察所演示的东西的主要特征和重要方面，不使注意力分散到细枝末节上，形成明确而清晰的概念；再次要与讲说法和对说法结合运用，才能收到好的效果。从生理学上讲，人的高级神经活动，接受刺激的量有两种，即实物和语言，前者为第一信号，后者为第二信号。只有两种信号相结合，才能对人产生强烈刺激作用，留下深刻印象。这就是说在运用直观演示时，一定要配合语言讲解，如同展览馆或科技影片都必须有讲解员和解说员一样。故此法不宜孤立使用，也不能用得过多过繁，当听者（包括学生）已有了感性认识时，即可不用。

（2）表说法。

表说法是指说课者借助于语言、动作或其他教具进行实地表演的方式进行说课的一种方法。它的特点是说课者运用艺术的语言和形体动作将说课内容具体化、形象化。说课者通过演唱或做示范动作，把说课内容变成立体的，给听者一个形象逼真的感觉。这种方法主要运用于体、音、美各科说课，并与其他说课方法配合使用。也可运用于其他各科说课，如物理学科说课中说电学部分"左右手定则"，就要求说者边讲边用手势比画，这也属运用表说法说课。

表说法的功能：首先可以有效地促进说课者业务素质和能力的提高。体、音、美等科教师的业务素质和才能，单靠语言叙述难以体现。

这些学科过去被成为技能课，技能课的特点要求教师必须作出实地表演才能进行教学。过去有的美术教师一上课将花瓶上插朵鲜花往讲桌上一放，叫学生去照着画，自己却袖手旁观，这样的美术教师谁能都做，而这样教学生作画，学生的绘画技怎么能提高呢？因此，技能课的说课和教学，只有通过教师的动作表演，才能把课说活和教得生动活泼、活灵活现，增强说课和教学效果，从而提高教师的业务素质和能力，同时也激发学生的创造欲望，培养其创造能力。其次，此法在体、音、美等科的说课中具有其他方法无法代替的独特作用。在表演过程中那些优美的体育动作，悠扬的旋律和悦耳的歌声，熟练操作的绘画技巧等，不仅给听者和学生做出科学而准确的技能示范，而且也给予美的享受。

运用表说法的基本要求：首先，要作好充分准备。准备好要用的教具和学具，并利用教具和学具作反复的表演练习，以检验教具、学具运用是否顺手，自己的表演是否熟练；其次，在具体说课表演时，要注意演、讲结合，把全套表演分解为若干镜头，边表演边讲解其动作要领及应注意之点，以便让听者（或学生）了解说者所表演的全部要领；再次，表演要简捷精练，既抓住主要环节，又要作好技能表演，但不要把它变成独唱音乐或作画秀等。

以上各种说课方法各有其优点和适用范围，而且随着说课实践的发展，还将会有更多的说课方法创造出来，这就要求在说课实践中有选择地去运用。

八、说课方法的选择与优化

由上可知，说课方法确是多种多样，而且随着说课实践的发展，还将会有更多的说课方法创造出来，且各有其优点以及运用的特定范围。这就要求在说课实践中有选择地运用。每种说课方法的功能都有局限性，不能把某一种说课方法奉若神明；而且在说课实践中很少使用单一的说课方法，单一的说课方法必然造成说课的单调乏味，不利于完成各种说课任务。要使说课取得最佳效果，就要从诸多说课方法中选择最优的方法，叫做"说课方法的优选"。而把优选出来的那些说课方法，组成一个有机整体加以综合运用，就叫做"说课方法的优化组合"。

那么，什么样的说课方法才是最优的呢？怎样进行说课方法的优选极其优化组合呢？概括地说，就是要依据前述制约说课方法的各种因素去选用。

1. 依据说课目的和任务

如前所述，依据目的任务与方法的关系的一般原理，方法是由目的任务决定，并为完成目的任务服务。说课的目的任务分为总的和具体的目的任务，都是选用说课方法的依据。具体说课活动是依据其目的任务的不同而分若干类型的，各种类型的说课为了完成其不同的目的任务，要求运用不同的说课方法。除了依据说课目的任务不同，应选用不同的说课方法，还应依据所说课类型的不同，选用与之相适合的说课方法。如新授课的说课和练习课的说课，由于目的任务不同，说课方法也不同。

2. 依据说课内容的特点

选择说课方法与所说学科特点和说课内容相适应，不同学科的说课和不同的说课内容，要求选用不同的说课方法。因为诸学科都有其不同的性质和特点，即使同一学科，由于内容不同，所用的说课方法也有区别。例如体、音、美各科说课常以表说法为主进行说课，但这些学科中有关理论的讲述，或有关弹唱绘画等技能要领的讲解内容，就要选择"讲说法"为主，配合以"对说法"和"论说法"。总之，要依据学科特点和具体说课内容不同，选择各自适合的说课方法，才能更好地完成说课目的和任务。

3. 根据具体条件和实际情况

选择说课方法还要考虑说课场所的设备条件，说课者自身的特长以及说课时间和任务的矛盾等各种因素。选择说课方法要从时间、地点和具体条件等方面的实际出发。如果是时间较短的非正式说课，要在有限的时间内完成说课任务，并取得良好效果，这时通常选用讲说法。如果是三五人的小型说课，常选用对说法。如学校设备条件较差，只有粉笔加黑板，通常选用论说法。如果教师个人只善于言谈，不善于绘画和表演，就应从自己的这一实际情况出发，选用各种方式的讲说法或对说法、论说法，而不用表说法。反之，有的教师不善于演谈，而善于绘画

和表演，就选用演说法和表说法。当然，从实际出发，并不意味着不积极创造条件，不补救自身缺陷。一方面既要从实际出发选用说课方法；同时又要发扬自身的优点和克服缺陷，积极创造选用各种说课方法的条件。

从上述说课方法优选的依据和标准来看，说课方法的优选极为复杂。不仅要依据选择标准，而且标准还要尽量具体化，如果选择失误就会降低说课效果。一种最好的方法在一定的条件下可能成为最坏的方法。前述各种说课方法本身都是好方法，关键在于优选。

说课要讲究艺术

说课艺术的创造性、实践性、形象性和情感性是说课艺术的重要特征，也是优化说课的重要途径。

一、说课艺术概述

1. 说课艺术的概念

所谓艺术，一般来说，是指富有创造性的活动方式。艺术的领域极为广泛，如绘画艺术及各种表演艺术等，但都是以创造性的形象来反映现实，使人从中获得一种美的享受。因此，艺术可以视为造诣和享受的统一。

说课艺术是指说课者运用说课技术和手段，创设优美的说课情景，将说课内容和信息巧妙而有效地传递给听者，并使听者产生一种共鸣和愉悦的美感的活动。这种说课艺术是说课者的高深教学造诣和听者美的享受的统一。也即说课艺术是体现说课者个人素质修养基础上的丰富造诣，是上述说课方法和手段熟练而巧妙地运用。教师个人的高深修养是创造说课艺术的前提条件和基础；说课方法、手段等的巧妙运用，是说课艺术的核心；教师说课的艺术形象和风格，是说课艺术的外部表现。

2. 说课艺术与教学艺术的关系

说课艺术同教学艺术存在密切关系。说课同教学一样既是一门学科，也是一门艺术。从本质来看，"教学艺术乃是教师娴熟运用综合的教学技能技巧，按照美的规律而进行的独创性教学实践活动"。教学艺术和说课艺术的含义基本相同，都是教师高深教学造诣和听者享受的统一，都是以教师个人高深素养为基础，以说课的方法、手段等的巧妙运用为核心，以显示说课者的艺术形象和风格为外部表现，而且都是教师结合实际的再创造。从二者内容来看，也是相互包容的。说课艺术包含着教学艺术，也可以说说课艺术就是教学艺术在说课中的具体运用；但

教学艺术也包含着说课艺术，说课艺术的某些内容也可运用于教学艺术中，从而大大丰富了教学艺术的内容。

但因二者体现的场合和对象不同，二者又非完全等同。说课艺术是在说课过程中体现给听者，而教学艺术是在教学过程中体现给学生，要求结合各自不同实际情况去创造各自的艺术形象，体现各自的艺术要求。因此，在说课和教学实践中也各有可互相取舍的部分。如教学中要显示给学生的某些艺术形象的表演，在说课中说明一下如何显示的设想和计划即可，不必一一表演给听者看。而教学中对于说课中有关显示教学艺术的设想和计划，不必一一呈现给学生。只有很好地掌握各自的特殊要求，才能更好地显示各自的艺术水平。可见，如何把握准二者的"尺度"，本身才是一门艺术。

3. 说课艺术的特点与作用

说课艺术，作为诸多艺术之一，既有其共性，又有自身特点。它们的功能与作用，是由共同特征和自身特点决定的。实践证明，说课艺术是决定说课成败的关键因素之一。为了充分发挥说课艺术的主要功能和作用，必须深入探讨说课艺术的特点。

（1）说课艺术的创造性。

艺术的生命在于创造，实践证明，说课艺术的成败也在于创造。因此，创造性乃是说课艺术的一个突出特点。

说课艺术之所以是一种创造：一是说课内容虽是既定的，但说者和听者都是个性的个体，如何对既定的说课内容进行艺术加工处理，成为易于传递和接受的东西，这就必须充分发挥创造性，才能成为具有高度艺术水平的说课。否则，毫无创造，毫无新意的说课，就谈不上说课的艺术；二是教师的劳动是一种富有创造性的劳动，也决定了说课艺术的创造性。教师劳动的创造性，主要体现在，对每个说课课题不仅要付出艰苦的劳动，还要有新的创造、新的提高，做到常说常新。由此，说课艺术的创造性，应是说者、听者共同的自觉追求。所谓创造性，就是一种不断地前进，奔着更完善、更新鲜的事物前进的志向，并且努力实现这种已产生的志向。

（2）说课艺术的实践性。

众所周知，教学艺术具有实践性的特征，同样，说课艺术也具有实践性的特点。说课艺术与说课实践是紧密联系而不可分割的。在实践中不断探索而取得的成果，又经过实践检验有实际效能的，才可称得上高超精湛的说课艺术。为此，实践性是说课艺术的又一突出特点。

说课艺术的实践性，使说课者必须全身心投入说课活动，从实践中去获取经验，只有取得了丰富的实践经验，才有资格谈说课艺术，这就克服了说课艺术只在形式上巧做文章，也避免了为追说课艺术而"作秀"，使一切夸夸其谈、哗众取宠与说课艺术无缘。

说课艺术的水平，也是在说课实践中不断提高的。如果离开了说课实践，说课艺术就成了无源之水、无本之木。真正意义上的说课艺术，是那些积极参与说课活动，并坚持不懈地进行实践探索的教师创造出来的，也只有他们才有可能摘取说课艺术的桂冠，这也是被说课实践证明了的。为此，说课艺术的实践性这一特点，必须重视，力求在说课实践中不断创新，以求达到完美、高超的说课艺术境界。

（3）说课艺术的形象性和情感性。

形象性和情感性是说课艺术所具有的特别明显的特点，也是衡量说课艺术水平高低的重要标志。凡具有高超艺术性的说课，皆是形象鲜明生动、情感充沛，富有极强的吸引力和感染力的。

要加强说课艺术的形象性和情感性，说课者必须对教材作教学艺术的加工，并能巧妙地运用说课诸多手段（形象的语言、直观的教具等）以及情感的力量，创造出与听课者心理相通、情趣盎然的说课情景，做到"以形感人"、"以情动人"。使听者不仅能在轻松愉快的气氛中接受说课信息和说课内容，并同时获得启发，得到美的享受。为此，形象性和情感性是提高说课艺术水平的重要保证。

说课艺术的形象性和情感性，构成说课艺术的特有魅力。然而自开展说课至今，对说课艺术还没有引起足够的重视。其原因，一是从认识上，认为说课和教学一样是一门科学，这是公认的，但对它又是一门艺术尚有异议；二是在实践中认为说课艺术是一种高标准，甚至是高深莫测、可望而不可及的东西。当然，在实际操作中把握说课艺术确有相当

大的难度，但它并非神秘莫测、高不可攀。说课，本身是由教师在实践中创造出来的，只要勤于钻研教育教学理论，又能掌握一定的方法和手段，并努力提高自己各方面的素养，每位教师都会很快达到不同层次的说课艺术水平。

二、说课艺术的内容与体现

说课艺术体现在说课的全过程及各个方面，构成丰富的说课艺术内容。可概括为两个方面：一是述说如何在教学中体现教学艺术的设想；二是具体体现说课自身的艺术性。

1. 述说教学中体现教学艺术的设想

由于说课艺术和教学艺术的紧密联系性，说课者首先要说明如何在教学中体现高度的教学艺术水平。说者要把自己在这方面的设想说清楚，并作必要的体现教学艺术的某些实地表演，听者要对这方面进行认真的评说，同时进行深入的研讨，这也是说课艺术的一个重要方面。在说教学步骤安排时要按照教学的全过程，逐个环节说明如何体现其艺术性。从组织教学开始，说明怎样做好有艺术性的组织教学工作，克服老一套的组织教学的沉疴旧疾。如当学生不注意听讲，你用什么样的具有艺术性的方法，把学生的注意力集中到学习上来。在课堂上讲授中，说清如何体现设置教学情景的艺术、教学语言的艺术、板书的艺术、运用现代教学手段的艺术、直至指导学生练习的艺术和组织考试考察的艺术等。这些都是教学艺术的基本内容，必须在说课中进行认真研究才能更好地体现在教学中。

2. 体现说课自身的艺术

（1）说课的语言艺术。

俗话说"教师是吃开口饭"的，而"说课"这种新的教研形式其最大特点就是一个"说"字，因此对说课者的语言提出了高标准的要求，这是不言而喻的。语言作为交流说、听双方思想感情的工具，要发挥其更大作用，就要求说课者语言要有高度的艺术性。又由于许多说课艺术是通过说课者的语言艺术去体现的，因此，说课者的语言艺术，又是说课艺术的核心，要求说课者应成为语言大师和深受听者欢迎的演说

家。缺乏语言艺术修养，就不能说好课。要使说课语言具有高度的艺术性，必须注意以下一些方面：

①说课语言的基本特征：

准确——说课语言的生命。准确，即指说课讲述时，语言表达应正确无误。这是说课语言的基本前提，也是说课语言最低层次的要求。为此，我们可以认为"准确"是说课语言的根本，是说课语言的生命。

准确，一般包含两层含义：一是规范。首先是语音规范。说课讲述应尽量采用普通话。这既是我国语言政策的基本要求，更是说课发展的迫切需要。说课活动的深化与拓展必将打破说课的地域界限，一地一语独守家园式的说课将寸步难行，"难上高楼"。惟有全方位、大面积、深层次的说课研究才会走新路、迈上台阶。于是，语言交流在说课中便日益重要。如果用方言土语进行说课，即使妙语连珠也很难推广交流，谈何成功！只有用普通话进行说课交流，信息才能"翻山越岭"，畅通无阻。然后是用语规范，遣词造句应确切达意，语法规则运用自如，修辞运用恰如其分；二是科学，说课的内容属于科学知识，科学知识就必须用科学规范的语言进行阐述。如说课中涉及的概念、理论、定理、公式、法则、结论、术语等的语言表述，必须符合科学性要求，才能达到说课的准确、严密。要实现说课语言的科学性，就必须要求说课教师使用相应的专业术语。

简洁——说课语言隽永的品质。简洁，就是说课讲述简明扼要，无多余的话，它是说课语言的一种重要的品质。莎士比亚说："简洁是智慧的灵魂，而冗长则是肤浅的藻饰。"众所周知，说课是一门"说"的艺术，是说听同时进行的双边活动，每次说课时间一般都是有限制的。因此，说课者必须在准确的基础上，使用简洁的语言，才能在有限的时间内将说课内容讲述清楚。说课语言简洁至少有三个作用：一是解放时间，说课者游刃有余，利于发挥；二是能产生一种语言的奇特魅力——简洁美，使听者乐于接受，如沐春风；三是作为一种说课手段，能有效集中听者的注意力，激发其听的兴趣，提高说课质量。

说课语言力求简洁，并非一蹴而就，它必须在说课实践中经过千锤百炼方能实现。具体地说，一是抓实质要害。它一方面要求说者在说课

前必须深研大纲，吃透教材，熟悉学情、深谙教法，对课题的各个重点环节熟练把握，做到胸有成竹，得心应手；另一方面要求说者要善于抓住课题中的关键环节，即每个课题中的"眼睛"，以此突破。如语文教师说课时，重点是教材分析，关键则是"文眼"因为文眼是文章的窗户，是文中的铿锵之词、合辙之韵、神来之笔、警策之语，是文章的一种灵气，具有巧夺天工之美，它"立片言而据要"。抓住了文眼就等于抓住了问题的实质，切中了要害。在这种情况下，说课表述方能准确而简洁。可见，说课语言是否简洁，可直接看出说课者对说课内容熟悉与否。二是力避口语杂质。口语杂质既包括语气词的滥用（如"啊"、"呀"之类等），又包括令人心烦的口头禅（如"这个"、"我说"、"啊"之类等）。这些"口语垃圾"说课时必须剔除，否则，说课语言难以简洁。

生动——说课语言神奇的魅力。说课语言生动是指在说课讲述中，运用妙趣横生、趣味无穷的语言，产生一种奇特的语言魅力，旨在被吸引者的注意力，加强信息的传递，从而提高说课活动的质量。

说课语言的生动性具体表现在三个方面。一是形象。即运用形象直观、描述功能强的词语说课。这是实现说课语言生动性的主要手段。二是具体。它要求说课者在讲述深难问题时，应借助通俗的例子、恰当的比喻，深入浅出，化难为易，化抽象为具体，化平淡为神奇，阐明事理。三是含蓄。"含蓄"就是"言尽而意未尽"，或"言有尽而意无穷"。强烈的幽默效应是其主要特点。幽默，即一种愉悦的方式让人获得精神上的快感，是一个人智慧和学识的综合反映。其力量不仅搏人一笑，还给人启迪，因此，在教师的语言修养中占据着非常特殊的地位。说课巧用含蓄幽默的语言，有助于营造轻松和谐的说课环境。幽默的语言委婉自然、风趣诙谐，给人友善之感，易于交流与接受。如果说引人发笑是语言含蓄的外部特征，深刻启迪是语言含蓄的内在品质，那么，点拨则是语言含蓄的关键所在。

让我们先看一个故事：古时候，有个国王，给人出了一个难题，他说："谁能把这间屋子用一种东西塞满，我讲给他荣华富贵。"于是有人抱来了稻草，有人搬来了泥土，结果谁也不能把房子填满。最后来了

一个聪明人，他什么也没搬，只是在房间里点了一盏灯，这个房间立刻被灯光充满了。

如果我们把这间房子看成一次说课活动，怎样的语言才能填满说课活动呢？显然，"稻草"和"泥土"一样的语言是很难填满的，只有灯光似的语言才能点燃听者的心灵，照亮整个说课过程。这就是说课语言点拨功效的魅力所在。点拨，正是说课语言含蓄的关键。

当然，我们强调说课语言的生动形象，切不可否定语言通俗易懂这一前提，更不能忽视语言中渗透不息的情感力量。

严密——说课语言流动的气韵。严密，指说课语言具有逻辑性，能准确地揭示事物的本质，前后自然连贯。说课活动中，由于说课对象大都是同行，具有一定的知识水平，说课内容又多是介绍教学打算和理论依据，知识性和理论性较强。据此，说课语言就不应像教学语言面对学生那样呈居高临下之势，而是一种"平行"的交流。显然，这种交流对说课者的知识储备、理论修养和语言艺术都有着明显较高的要求。俗话说'外行看热闹，内行看门道'，否则，就会半空跑马——必露马脚。而严密正是堵住语言漏洞的重要手段，是说课语言细致入微、表达深刻、回环流畅的根本保证。

说课语言的严密主要表现在两个方面：一是要准确地揭示事物的规律和本质，一语中的、一针见血。如说课中一些定理、概念、法则和结论等的阐述和归纳，即应如此。二是要形成一条清晰有力的"语言链条"，即说课时，前后要连贯，上下要呼应，衔接要自然。从而形成一种流动的回环往复的语言气韵。如说课实践中，有的语言给人主次感，有的给人递进感，有的给人概括感，有的给人对比感，如此种种，这就是说课语言严密的逻辑性，这就是说课语言流动的气韵。

一位教师在说到教法与学法的时候是这样表述的：

"最有价值的知识是关于方法的知识"，本课采用多媒体教学手段，根据本课教材特点和学生身心发展特点，遵循"积极指导自学、合作、探究的学习方式"的教学理念，运用情境教学法引导学生主动学习、创造学习、前后联系、读中感悟、角色体验，多渠道接受信息。

另一位教师，课件出示语句，配乐范读，并让学生说说"你认为学习这篇课文我们要重点理解、体会什么?"老师是这样叙述的:

我认为这样设计优美的画面、抒情的音乐、动情的范读构成了激发学生学习兴趣的磁场，有利于学生创造性思维的迸发。同时让学生自己谈谈"学习这篇课文我们要重点理解、体会什么?"更是贯彻、落实《语文课程标准》中所提出的"学生是学习和发展的主体"的具体体现。

以上语言简洁、流畅、有理有据，正是典型的精彩说课语言。

②说课中的语言运用。

说课有不同的类型、不同的目的，但都得用语言表述。要动口，就要加强说的训练，要有说的功夫，要注重语气、语流、语调、语速、语感。脱稿说课不能用背诵的语调，要进入角色，用"说"或者"讲"的语气，说设计意图则用说明性语气，二者要有区别。有些教师像上课一样来说课，显然是不妥当的。说课应当以讲述语言为主，再综合运用课堂教学语言和朗读语言。

独白语言。说课的过程是一个由教师讲述教什么、怎样教和为什么这样教的叙述过程。所谓讲述语言，指的是一种客观的陈述性语言。"讲述"即"讲说"，就是把事情和道理讲出来，它是说者面对听者的"独白"性的言语活动，故称为"独白语言"。说课应当使用此种语言为主，因为独白语言便于说课者系统地介绍自己的教学设想和所持的理论依据。但由于独白语言信息输出单向，没有听众的言语配合，而唯一依靠独自活动来阐明事理，因此，切忌从始至终一个腔调地念稿或背稿，要用足够的音量，使在场的每个人都听得清清楚楚。速度要适当，语调的轻重缓急要恰如其分，让听者从你言语的抑扬顿挫、高低升降中体会出说课内容的变化来，产生共鸣。具体地说，就是教材分析要简明，理论根据要充分，教学方法和学习方法要用慢速说清楚，教学目的要分条款一一叙述，重、难点则需用重音来强调。

教学语言。因为说课不仅要说"教什么"，还要说"怎样教"。说

"怎样教"实际上就是要说出你准备怎样上课，虽然不是单纯地将课堂上一问一答详细地体现出来，但是也要让听者知道你的教学设想和具体步骤。有问有讲，有读有说，用自己的语言变化将听者带人到你的课堂教学中去，使听说课的人有一种身临其境的感觉，增加对课堂教学的感受，未进课堂却好像看到了你上课的影子，推测到你的课堂教学效果。

第一，课堂导语应用课堂教学语言。说导语时说课者把听课的老师看成是自己班上的学生，声音该高则高、该慢则慢，用新颖有趣或简明扼要的导语来吸引听课者。学生对小说的内容极感兴趣，急于知道这些问题，由此导入新课的学习，激发学生的求知欲望。设计这样的导语，简明扼要、新颖生动，充分体现了语言的艺术性，也把听者带入到课堂之中。

第二，课堂的总结语应用教学语言。在说课时设计的结束语，是教师对一节课所学的内容所作的归纳概括，是为了系统巩固所学知识。结束语要能打动听者，让听者从你的语言中推测你在课堂上也会深深吸引学生，还能激励学生奋发向上或反思遐想，这就要求结束语既要精彩，又要精练恰当。

第三，说课中阐释和提问语应用教学语言。阐述语也叫讲授语，它主要是对所讲知识的解释、分析、和阐发，这种语言以简明、准确、条理清晰为要点。好的提问语可以启发学生思考，使学生的学习变得积极生动，并容易把问题引向纵深，让听者判断你提问质量的高低。

朗读语言。在说教学程序的时候，有时还需要运用朗读语言。所谓朗读语言，就是有表情地运用各种语调、语气将文字读出声的语言，它广泛运用与中小学阅读教学当中。如说课者能在说课中根据说的材料的内容和所要反映的思想感情，恰当地运用朗读语言，就可以增加说课的感染力，并产生良好的艺术效果。如《背影》中，有感情地朗读语言，有助于听者领会文中表达的真挚感情。

在说课中如能做到上述多种语言的综合运用，既有条理清晰、通俗易懂的讲述（独白）语言，又有生动形象、妙趣横生的课堂教学语言，还有富于情感的朗读语言，多种语言综合运用，起伏跌宕，有声有色，引人入胜，就能使听者得到高雅的艺术享受，使说课达到近乎完美的

程度！

说课语言是教师语言的重要组成部分，在说课中占有重要的地位。尽管各种电教手段等多元媒体广泛用于教学及说课之中，说课语言的作用却丝毫未减。为此，要提高教师的说课水平和说课质量，必须加强说课语言艺术。

说课语言是开展说课活动的重要手段，是说课教师组织的综合反映。每个教师应积极探索，从不同角度、不同层次掌握说课语言的特征，并坚持不懈地历练和完善，形成风格独特的说课语言艺术。

（2）说课的操作和表演艺术。

①说课的操作艺术，是指说课者熟练而巧妙地运用前述说课手段进行说课，它是说课艺术的重要方面，和说课语言的艺术具有异曲同工之秒。

运用说课手段的艺术表现在：一是能根据说课目的制作既廉价又使用、效果最佳的说课用具；二是为完成说课任务能创造性地、巧妙地使用说课手段；三是能将现代说课手段与常规说课手段有效地结合运用；四是能熟练使用教学仪器，并与解说和谐配合等。

②说课的表演艺术，是指说课者运用自己的体态动作将说课中的有关内容表演给听课者看，它是说课艺术的又一重要方面，是同说课的操作艺术相配合的。说课的表演艺术覆盖的范围很广泛，首先，在体、音、美等学科的说课中有直接体现，这些学科的说课一刻也离不开动作。如音乐课说课必须做出吹、拉、弹、唱的实地表演等等，这方面无须详述。其次，即使是其他学科的说课，也需要做出动作表演，充分体现说课的表演艺术。

说课要具有高度艺术水平，就要求说课者讲究说课风度，即说课者要有优美的说课风度，注意做到说课风度美，将教风美和教态美的艺术充分体现在说课中，使之形成说课风度美的艺术。说课者要发扬各自独具特色的优美教学风格，进行说课。如有的教师善于用故事的形式说课和讲课，让生动的故事把听者引入说课中去；也有的善于用评论的形式说课和讲课，观点鲜明，一语中的。在教态上，有的谈笑风生而不流露于滑稽，有的诙谐幽默而不流于庸俗。如此众多优美的说课风格和态

度，都是说课艺术的表现，它直接促进说课的良好效果，并对听者的思想情绪产生潜移默化的教育感染作用，以及如何具体体现说课风度艺术的示范作用。

（3）驾驭说课进程的艺术。

教学中需要巧妙地驾驭教学进程，以保证在规定的时间内有条不紊地完成教学任务，从而体现教师驾驭教学进程的高度艺术性。同样，说课中也需要说课者机智而巧妙地组织说课内容和掌握说课进程，以保证在既定时间内完成说课任务，从而体现说课者驾驭说课进程的水平。这也是整个说课艺术的又一重要组成部分的主要标志。

驾驭说课进程的艺术，主要体现在：说课要有颇具吸引力的开始，要有有条不紊的进程和精彩的结尾。既不因拖拉啰嗦而耽误时间，又不因说得过简而降低质量。要将必说的内容在既定的时间内讲好说完，这的确是一种高水平的艺术。为此，要加强整个说课进程的计划性，安排好说课的各步骤和环节以及所需时间，并加以严格把握，以免难以控制。

首先，应安排好说课的开头。怎样体现说课开头的艺术？说课的开头应能牢牢地吸引着听众，使之产生渴求观摩说课的欲望和浓厚的兴趣。如果说课一开头就说得平淡无味，听众就难以产生兴趣，并由此推测，上课时课的开头也不会好。

其次，要掌握好说课的进程。说教材、教法、学法和教学校序设计及效果等要说哪些内容，每一步需要多少时间，这是很关键的。如掌握不好，就可能难以完成说课任务，更谈不上什么艺术性。

再次，要考虑如何作精彩的结尾，这是说课的结束艺术。驾驭说课进程的艺术，不仅表现在生动有趣的说课开头，还表现在精彩的结束。从结束的内容和方法上，要能激发听者对说课内容依恋不舍，或给听者留下无穷的思考空间。从时间掌握上要做到结束恰到好处，既不让人感到是匆忙收场，又不是故意拖时间。

如果说课者预先依据说课的目的和任务，做出精心的说课设计，并依据设计的方案，在预定时间内有条不紊地完成了说课的各项任务，这就充分显示了说课者驾驭说课进程的高超艺术。

　　教师精湛的说课艺术，决不是一朝一夕之功，是长期坚持认真学习、刻苦锻炼的结果，也是教师各方面素养的综合体现。教师需要坚持认真学习，加强自身修养，同时强化说课实践，迅速提高说课艺术水平。

使说课更深刻、更生动

说课是指在教师授课之前，让教师说大纲、说教材、教学过程、实验手段、说教法、学法及其理论依据，口头表述一节课的教学设想的教研活动。显然，说课能够展现出教师在备课中的思维过程，并且显示出教师对大纲、教材、学生的理解和把握的水平以及运用有关教育理论和教学原则组织教学活动的能力。

一节成功的说课，不仅层次清楚地说明了这节课怎样教，而且简练精辟、顺理成章地揭示了这节课为什么这样教。下面我们就如何使说课更深刻、更生动谈几点看法。

一、精心搜集和选用材料是使说课深刻生动的根基

课题确定后，教师的说课能否深刻、生动，从而吸引人、说服人，材料的搜集和选用是最关键的一步。否则，说课的内容不充实，只能显示出知识的浅薄，而缺乏厚重感。那么，说课应依据哪些标准？选取哪些材料呢？

（1）教学大纲中的教学要求，教参对教材内容的分析。

（2）有关的教育教学理论及教学原则。

（3）学生的起点行为情况。包括学生原有的知识、技能、能力、学习方法、学习态度等非智力因素情况。

（4）以大纲所规定的基本要求为下限，针对不同层次的学生配备的例题、习题或变式训练题。

（5）为了突破或分散本节难点而需要的有关铺垫材料。

（6）为了展示本节课的知识的形成与发展过程的材料，或者需要学生写作、实验、活动的有关材料。

（7）为培养学生应用意识的有关材料。包括某些实物或模型等。

二、削枝强干，锤炼说课内容是使说课深刻充实的保证

说课的显著特点在于说理，即内容与说理的有机融合要体现在整个说课过程中。这样，靠内容的充实和环环相扣，使说课具有科学性、逻辑性、深刻性。要给听者留下深刻的印象，必须做到"说主不说次"、"说大不说小"、"说精不说粗"。所以要对说课的内容进行锤炼，削枝强干。怎样锤炼说课的内容呢？

1. 要具有清晰的结构

能抓住听者心弦的说课，必须有一个经得起推敲的逻辑结构，要在注意把握教材自身内容联系的条件下，组织好说课的结构。

2. 要确定明确的教学目标

依据教学大纲、教材和学生实际，从知识、技能、能力、思想品德等方面确定本节课的教学目标。如果说教材是说课的"血肉"，结构就是说课的"骨架"，那么，教学目标是整个说课的"灵魂"。也就是说，目标确定后，说课的整个安排，一切都要服从于教学目标，目标不能虚晃一枪，不能和教学内容脱节，还要具体、明确而全面。

3. 要分析准确重点难点

要结合教材的地位、作用、内容与学生的起点行为情况，分析教材重点、难点，尤其要注意分析难点的位置、程度、成因和突破难点或分散难点的关键与措施，以及在难点的教与学中培养学生思维能力的策略。

4. 要采取有效的教学方法与教学手段

教学方法的选择要有效，即要根据教材和学生实际选择能调动学生学习的积极性，培养学生的能力；尽可能适应学生个别差异的教学方法，即所选择的教法能和学生心中的弦对准音调，能在学生心中弹奏。另外，教学手段的采取要从正确发挥教学作用、提高课堂教学效率出发。如启发式教学法，则要充分运用教具，在实验、演示、写作、观察、练习等师生的共同活动中启发学生，让每个学生都动手、动口、动脑，进行"创造性"的学习。另外还可制作不同颜色的图片，复合投影片的动态演示以及利用多媒体教学等手段激发学生的学习兴趣，培养

学生的应用意识。从而充分发挥了说课的教学作用，提高了课堂教学效率。

5. 要设计有目标控制的，有启发性的教学过程

为了确保既定教学目标的实现，在设计教学程序时，从新课引入到归纳小结，每一个环节的设计都要随时注意教学目标的控制，要与教学目标相呼应。也就是说，使教学目标的控制必须落到实处，不搞形式，不搭花架，一锤一音，一步一印。着眼于各个环节去实实在在地完成任务。要依据教学目标对全部教学内容进行取舍、剪辑，逐一"审查"，该详则详，该略则略，主次分明，重点突出。

教学过程的设计，既要注意强化目标控制，又要注意具有启发性，要始终面向全体学生，根据自己学生的实际水平，选择恰当的教学起点、教学方法、教学手段去启发引导，让每个学生都能达到大纲规定的基本要求。

三、组成系统，形成说稿是形成说课者思维模式的关键

将经过锤炼的说课内容按照它们的内在逻辑组合成一个完整的系统，在整理过程中使内容与说理有机融合，体现在整个说课中。这个过程，对于准备说课的老师来讲，是对其大脑组合能力的锤炼过程。它需要而又使人得到的是认识能力的深化，尤其是对某些现象做出本质的揭示，从而使说课显现出雄辩的本质力量和巨大的说服力；它需要而又使人得到的是思想的精确缜密、看问题的周详全面，精当准切；它需要而又使人得到的是思路的敏捷，可以随时捕捉一些现象迅速组合在说课的主体里，使之骤然生辉，发生效应；它需要而又使人得到的是情感的丰富，对学生对事物所含的情愫体察入微，移入字里行间辅助理念，以情感人；它需要而又使人得到的是逻辑的力量，把一节课的教学，如茧抽丝，层层剥落，展现内涵。总之，它需要说课者能加工处理成说课的各种要素，并使之相互关联容纳于说课范畴和轨道之中的思考能力和方式、方法。这种能力和方法是在说课讲稿写作实践中形成和练就的，所以组成系统，形成说稿对于形成说课的思维模式起着关键的作用，也从而可使说课更加深刻、更加熟练。

四、恰当的使用视觉材料是使说课生动精彩的阶梯

并不是说课者在形成了说课的思维模式之后，他的说课就一定会精彩了。当然，说课者的语言（音量、音调、音速）及非语言（表情、目光、姿势），都会影响说课的效果。应当强调，光靠说者单调地说，听者处于被动接受信息的状态，难免不"走神"，要抓住听者的注意力，调动听者的兴趣，刺激听者留下深刻的印象，并被说明接受，可灵活采用视觉材料恰当的组合在说课的主体中，将会使说课呈现生动、精彩的局面。

统计表明，听者如果仅使用其听觉的话，接受的信息在 3 小时后仅能保持 70%，3 天后仅能保持 10%；听者如果仅使用其视觉的话，其接受的信息处理 3 小时后只能保持 72%，3 天后，却还能保持 20%；但听者如果结合使用视觉和听觉的话，其接受的信息在 3 小时后能保持 85%，3 天后仍然能保持 65%。可见视觉材料在说课中的重要性。所以在说课前还要设计出使用视觉材料的时间、手段。如将板书、投影仪、演示、实验、特制的复合投影片、不同颜色的图片、图表、直观教具、实物或实物图的展示、多媒体等等，恰当的组合在说课中，可促进听者思考，诱发听者的参与意识，使之跟着说者的思路去理解说课的内容，从而会取得最佳的说课效果。

总之，只有做充分的准备，才能使您的说课既具有科学性、逻辑性，又具有说服力和感染力，充实、深刻、熟练、生动，给听者留下深刻的印象。

教法关系着教学的成败

《基础教育课程改革纲要（试行）》中指出："教师在教学过程中应与学生积极互动、共同发展，要处理好传授知识与培养能力的关系，注重培养学生的独立性和自主性，引导学生质疑、调查、探究，在实践中学习，促进学生在教师指导下主动地、富有个性地学习。教师应尊重学生的人格，关注个体差异，满足不同学生的学习需要，创设能引导学生主动参与的教育环境，激发学生的学习积极性，培养学生掌握和运用知识的态度和能力，使每个学生都能得到充分的发展。"

根据《纲要》这一精神，教师在教学过程中，应努力转变角色，适应课程改革的要求，即成为教学活动的设计者、学生潜能的发现者、学习活动的促进者、学习组织的管理者、学生学习的合作者、学生成长的引路者。为了实现这些理念，教师必须改变自己陈旧的教学方法，灵活选择适合学生发展的有效教学方法，不断优化课堂教学结构，构建师生共同发展，具有生气与活力的课堂。

说教法是指说怎样教的问题。其中贯穿着说为什么要这样教的理论依据。教学方法及其理论依据，在教学实践中具有重要指导意义，它是完成教学任务、提高教学质量的基本保证。教学实践证明，由于采用的教学方法不同，其效果迥然不同。为了完成教学任务，提高教学质量，必须认真研究和学习教学方法。因此，说课必须说明本课准备选用什么样的教学方法，为什么要选用这种方法，这是说教法的主要内容。

一、教学方法的含义

教学方法是教师和学生为了实现共同的教学目标，完成共同的教学任务，在教学过程中运用的方式与手段的总称。对此可以从以下三个方面来理解。

（1）指具体的教学方法，从属于教学方法论，是教学方法论的一

个层面。教学方法论由教学方法指导思想、基本方法、具体方法、教学方式四个层面组成。

（2）教学方法包括教师教的方法（教授法）和学生学的方法（学习方法）两大方面，是教授方法与学习方法的统一。新课程倡导"以学定教"。因此，教授法必须依据学习法，否则便会因缺乏针对性和可行性而不能有效地达到预期的目的。但由于教师在教学过程中处于主导地位，所以在教法与学法中，教法处于主导地位。

（3）教学方法不同于教学方式，但与教学方式有着密切的联系。教学方式是构成教学方法的细节，是运用各种教学方法的技术。任何一种教学方法都由一系列的教学方式组成，可以分解为多种教学方式。另一方面，教学方法是一连串有目的的活动，能独立完成某项教学任务；而教学方式只被运用与教学方法中，并为促成教学方法所要完成的教学任务服务，其本身不能完成一项教学任务。

与教学方法密切相关的概念还有教学模式和教学手段。教学模式是在一定教学思想指导下建立起来的为完成某一教学课题而运用的比较稳定的教学方法的程序策略体系，它由若干个有固定程序的教学方法组成。每种教学模式都有自己的指导思想，具有独特的功能。他们对教学方法的运用，对教学实践发展有很大影响。现代教学中最具有代表性的教学模式是传授——接受模式和问题——发现模式。

二、教学方法的意义

教学方法对完成教学任务、实现教学目的具有重大意义。当确定了教学目的，并有了相应的教学内容之后，就必须有富有成效的教学法。否则，完成教学任务、实现教学目的就要落空。由此可见，教学方法，从一定意义来说是关系着教学成败的重要问题。

方法名称是根据教师或学生的工作形式这样一种外部特征而获得的。根据教学方法的名称，可以判断教学过程参加者的活动方式。教学的成败在很大程度上取决于教师是否能妥善地选择教学方法。知识的明确性、具体性、有效性、可信性有赖于对教学方法的有效利用。乌申斯基从教学方法能影响思维过程，影响学生求知主动性的观点出发作了详

细的研究。教学方法对于教学学习技能和技巧，特别是对学习实际应用知识的技能起着重要作用。

洛克早就肯定地说过，任何东西都不能像良好的方法那样，给学生指明道路，帮助他们前进。当前科技的进步、生产的发展、社会主义祖国的富强，都要求各项工作讲求效益、提高效率。教学工作同样要求讲求效益、提高效率，但不能简单地依靠增大教师劳动强度和增加学生课业负担来提高教学质量。研究和改进教学方法，这对工作中少走弯路，用较少的时间、精力和物力取得最佳的教学效果，是具有重要意义的一环。

用什么样的教学方法教学生，对于把学生培养成为什么样的人，也具有重要作用。教师的教法制约着学生的学法，同时对学生智力的发展、人格的形成具有重要作用。教师的教学经常采用注入式的教学方法，课上教师念笔记，学生必然要采取死记硬背的学习方法。课上老师讲授，学生听受，不给学生以独立思考与独立活动的机会，学生就会缺乏主动性、独立性和创造性，就很难培养出一批勇于思考、勇于探索、勇于创新的人才。列宁在《青年团的任务》中谈到怎样学习时，就一再痛斥"死记硬背"书本、脱离实际的学习方式，认为这样只能造成"书呆子"。提出了共产主义者就应"理论联系实际"，使学生所获得的知识要经过"深思熟虑，融会贯通"。可见，是否用科学的教学方法，是关系到能否使学生成为具有聪明才智、科学头脑的合格人才的重要问题之一。

说课和教法的改革

素质教育是充分弘扬主体性的教育，是一种基础性、发展性、创造性的教育，它要求教师的教和学生的学必须采取与之相适应的方法。一般来说，教法和学法是不能分割的，教法中包含着学法，学法里体现着教法，二者共处于教学过程之中。但是教法与学法又是两个不同的教学主体进行的不同活动，所以它们彼此又具有相对独立性，不可相互代替。教育学告诉我们：教学永远是教与学互相作用的统一活动，其任务在于通过教和学这种相互作用的统一活动，开发学生的潜能，发展学生的身心素质。因此，素质教育的核心是教法与学法的改革。作为教学改革新创举的说课活动，其课堂教学的设计因素中就包含着教师教法的选择和运用、学生学法的指导和训练。说课教师依据教学方法的理论说教法，依据学习论说学法，不但说出怎样教，而且要说出这样教的道理，因而，说课具有了教学研究或教育科研的性质。教师以科学的教育理论为指导，钻研教材，研究学生，设计教学程序，选择教学方法，运用教育学、心理学以及有关理论进行教学设计，从理性上认识教学过程的规律和特点，使人既能听懂又能学会，从而使教法、学法信息得到广泛而有效的传播。因此，说课能促进教法与学法的改革。

教法作为教师教书育人所使用的方法，根据不同的原则，有不同的分类。应试教育把学生看作接受知识的容器，教法采取注入式；而素质教育把学生看作教学的主体，教法采用启发式。应试教育向素质教育转轨，要求教师的教法必须改革。

说课时，教师要说好一节课，必须很好地解决教学的途径和手段问题，即教法。教师说教法，不仅要说选择哪些教法，还要说清为什么，就是说不仅要知其然，还要知其所以然。教师要说好课，就要研究教

法，研究教法的选择和运用，探索教法的改革和创新。教法具体规定的标准是：选择恰当、多样、有启发性的教学方法；准备合适、多样的教具、学具；结合教学目的、教材特点和学生年龄特征，贴切具体地说出所选教法的理论依据。

教师说教法时，应按照要求说清楚，并注意以下几方面：

1. 说课要明确各种教学方法的特点和作用，做到教法合理优选，有效结合

教法多种多样，且各有其优势以及适用的范围和条件。明确各种教法的特点和作用，有的放矢、合理优选是成功说课的必要环节。不同的教学阶段具有不同的教学任务，也需采用不同的教学方法。所以，要根据各阶段教学活动的目的，对各种教法进行优化组合，使用不同的教法交替进行教学，以达到课堂教学富有生气、不单调、不枯燥，使学生自始至终处于积极、兴奋的状态。

2. 说教法时，教法的选择和运用要以启发式教学为指导思想

启发式教学的指导思想就是教师在教学过程中，引导学生发现问题、分析问题、解决问题，从而发展学生的智力，培养学生的能力，使学生掌握规律性的知识，由此及彼，举一反三，触类旁通。启发式教学的指导思想就是教师在教学过程中要充分调动学生学习的自觉性和主动性，让学生学会学习，学会创造。教师对任何教学方法的选择和运用都要以启发式的观点为指导，否则，即使同一种教学方法也会出现不同的效果。

3. 说教法时，选择教法的理论依据要准确、具体、针对性强

说明选择教法的理论依据，也就是说课者要从教育学、心理学的角度去阐述选择教法的理由。选择教法的依据常从以下几方面来考虑：

（1）根据教学目的选择与之相适应的教法。

（2）根据教学内容的特点选择与之相适应的教法。

（3）根据学生的年龄特点选择与之相适应的教法。

（4）根据教师自身的特长选择相适合的教学方法。

这方方面面的要求正是教法改革的关键，教法的改革须符合教学规

律的原则。目前，反映教学规律性的教学特征有教育性、发展性、简约性、适应性、互动性等。这些已被人们发现和认识的教学特征，是古今中外广大教育工作者长期教学实践和理论探索的结果，教师的教法只有适应这些特征，教学才能成功。

如何才能把课说好

讲课是一门艺术，说课同样也是一门艺术。在某种意义上说，"说"的要求上比"讲"更高，因为它要求教师在十几分钟内将一节课的教学设计、教学过程及教学内容用简练准确的语言表达出来，呈现给教师。自说课产生以来，其鲜明的艺术性、较强的操作性和独特的实用性，引起了人们的高度关注，且不失为考察教师素质的一种事半功倍的方式。但由于受说课的时间限制、听课对象以及相关要求等方面因素的影响，许多说课教师感到说课比讲一节课的难度更大，不好把握也不易成功。

一、应弄清楚怎样说课，这是说课艺术的基础

要做到把课说清楚，必须思路清晰，即按照"教什么——怎样教——为什么这样教"的思路说课，才能体现出课堂教学的概貌，才能符合教学的程序并与听者的思维同步。

1. 说清"教什么"

说课者应说清以下项目：本课文的主要内容、特点、教学目标、教学重点、难点、疑点、前后课内容与本课内容的内在联系等等，让听者了解你本堂教学内容的梗概并吸引听者思维与你同步推进，为讲与听之间产生共鸣做好铺垫。

2. 说清"怎样教"

说清"怎样教"，是实现讲与听之间相互交流达到说课目的的重要内容。这就要求说清根据教材特点和学生特点采取的教学方法、教学手段；说清课堂教学思路步骤、结构环节、板书设计、作业训练，以及如何突出重点和突破难点等项目。例如：

在说"楞次定律"时，要说清课的重点、难点，对感生电流的磁

场方向与原磁场方向的关系，不妨让学生观察磁铁插入线圈的情况（S极插入，N极插入），让学生根据实验现象得出结论；然后，用N极拔出和S极拔出来验证学生的设想，能充分调动学生的学习积极性和发挥其聪明才智，开启其智慧的大门；再把学生的结论与实验对照，进行修改、纠正，得出正确结论。这样，就充分体现了人们认识客观规律的一般过程：实践（实验）——认识（结论）——再实践，（用实践检验结论）——再认识（理论、规律、结论），既突出了重点，也突破了难点——感生电流的磁场阻碍原磁场磁通量的变化。

3. 说清"为什么这样教"

说清"为什么这样教"，是实现讲与听之间高层次认识趋同的重要手段。这就要求说清这样教的理论依据，包括大纲依据、课本依据、课本编写意图依据、教学论依据、教育学和心理学的依据等。

二、应弄清如何才能把课说好，这是说课艺术的体现

1. 说课要突出一个"新"字

创新是艺术的生命，创新才能突出说课的艺术。"新"是说课的关键：设计新——从导入新课，展开新课，巩固新课，给出新课几个环节，吸引听者，引起共鸣；方法新——不能平铺直叙，要注意激发学生的学习兴趣，启发学生的智慧；结构新——要有起伏，高潮迭起，环环紧扣；手段新——运用多媒体，突出重点，图文并茂。

2. 说课要体现一个"美"字

美是艺术的核心，说课跟讲课一样，应处处体现美，给人美的享受：内容美——教师要善于从教材里感受美，揭示美，提炼美，升华美；语言美——教师语言美是决定说课成败的关键；情感美——情感是教学艺术魅力形成的关键因素，不投入强烈的情感，以情感来感染听者，就不可能把课说成功；板书美——板书是教师在备课中构思的艺术结晶，它有独特的魅力，给学生以美的熏陶；教态美——教态是沟通师生情感的桥梁，教态美可以激发学生对美的追求。

3. 说课要讲究一个"说"字

说课者要根据课型的要求抓住这节课的基本环节去说，说思路、说

过程、说结构、说内容、说训练、说教法、说学法、说学生。在说课的过程中，要特别注意以下两点：①说课不等于讲课，教师不能视听课对象为学生去说；②说课不等于背课，教师不应将事先写好的材料拿去读。因此，教师在说课时，要紧紧围绕一个"说"字，突出"说"的特点，完成说课的进程。

4. 说课要抓住一个"活"字

说课的重点应放在教学过程，完成教学任务，反馈教学信息，提高教学效率上。换而言之，说课重理性和思维，讲课重实践和感性。因此，在极有限的时间内完成说课，必须详略得当，繁简适宜。准确把握说度，说得太详太繁，时间不允许，听众觉得没必要。说得过略过简，说不出基本内容，听者无法认同。这就有一个"度"的把握的问题，最主要的是因材制宜，灵活驾驭，说出该课的特点特色，把课说得有条有理，有理有法，有法有效，说得生动有趣。

5. 说课要选准一个"说法"

教学思路是教师课堂教学思想的具体体现，是实施教学过程的基本构想。教师在授课时，也要环环扣住课堂教学思路进行，能否围绕教学思路实施"教法"，能否围绕教学思路指导"学法"，能否围绕教学思路展开"说法"，无疑是授课和说课成功的关键。

说课的方法很多，需要因人而异，因材施说，说物、说理、说实验、说演变、说现象、说本质、说事实、说规律、正面说、反面说等等。但无论怎样说，均要围绕教学目标，沿着课堂教学思路这一主线。

6. 说课要斟酌一个"说点"

说课的对象虽然不是学生，但这些听众都会竭力站在学生的角度去对待你所说的课，去审视你说课的一字一句，一举一动。包括教学目标的制定，教学内容的落实，教学方法的采用，教学重点的突出，教学难点的突破，教学环节的把握，以及教学语言，语气，表情等等。因此，说课者要置身于听众思维和学生思维的交汇处，站在备课与讲课的临界点，变换说位，编写说案，研究说法，斟酌说点。

另外，没有一定的实验经验的积累，也很难达到体现说课艺术的境界。实质上，说课的过程隐含在我们备课的过程之中。由此可知，注重

平常的积累，加强备课过程中对说课的有意注意，则定能促使我们尽快登上说课艺术的高峰。

三、情感是说好课的动力

"人非草木，孰能无情"，人类各种活动都与情感有关。同样，在说课中不能不考虑教师的情感因素。情感是人对客观事物与人的需要之间关系的反映。对说课活动具有积极的情感可激发教师说课活力，使教师精神焕发，朝气蓬勃，从而提高说课的水准。

1. 说课要有激情

激情是一种迅速强烈地爆发而时间短暂的情感。积极的激情与冷静的理智、坚强的意志相联系，能激励说课人克服困难，攻克难关，成为说课活动的巨大动力。所以说课人必须要有激情。

2. 说课要有良好的心境

心境是一种微弱平静而持续的情绪状态。在心境产生的全部时间里，它能影响人的整个行动表现，在现实生活中，心境的作用是很明显的，积极良好的心境可使人振奋，从而完成困难的任务。

说课要求说课教师具有稳定的情绪，不急不躁，在说课中树立起坚定的信心。通过自己不断的努力，教学水平一定能得以充分的发挥。因此说课教师必须有良好的心境。否则，无论准备的多么充分，也有可能发挥失常。

3. 说课要有热情

热情是一种强有力的稳定而深刻的情感。它可以掌握整个人的身心，决定一个人思想行动的基本方向，正如巴甫洛夫指出的："科学是需要人的高度紧张性和很大热情的。"

说课是一种新型教学研究活动。它的要求严格，教师既要有深厚的文化专业知识，又要有较好的教育教学理论知识，更需要有较强的理论联系实际的应用能力和研究能力。说课的难度大，人们对此经验又不足，必然会遇到问题，要想较好地完成这项工作，参与说课，解决遇到的问题，没有热情是无法做到的，所以说课教师要热情参与说课活动。

情感是决定人的活动效率的重要心理因素。说课教师只有化消极的

情感为积极的情感，用饱满的激情、稳定的心境、满腔的热情投入到说课活动中去，说课活动才会结出丰硕的果实。

四、意志是说好课的保障

意志是人自觉地确定目的，并根据目的支配调节自己的行动，克服困难，实现目的的心理过程。它对行为的支配和调节具有巨大的作用。意志在说课活动中的作用主要表现为两个方面：

1. 坚持力

坚持力也称毅力。它是指人确信行动的正确性而不懈努力，坚持到底的意志品质。

坚持力的根本动力来源于人对事业的信心。说课人坚信说课活动会给教学质量的提高带来新的活力，那么就会推动说课人去寻找设备，查询资料，向他人请教，使自己的说课活动获得圆满的成功。

自立性是坚持力的重要特点。自立性这里是指说课人能独立分析情况，形成自己的风格，在说课中不墨守成规，努力创新，不断地提高自己的教学水平。

2. 应变力

应变力是指人根据不同情况作非原则性变动的能力。说课是新鲜事物，我们是在"摸着石头过河"，会有许多新的问题出现，会遇到许多新的障碍，这就要求我们凭借自身的应变能力，及时解决问题、克服障碍。

说课既是科学，又是艺术，随机性很大。如果说课人没有理论与实际情况相联系的较强应变能力，那么说课活动很容易陷入困境，再者，说课人在说课中的角色与讲课中的角色不尽相同，这种角色的移位需要说课人迅速地适应。因此，说课人应有意识的训练自己的应变能力。

认识、情感、意志三种心理要素互相联系。意志的产生是以认识为前提的，离开了认识过程，意志不可能产生，意志对认识过程也有影响，没有意志努力，就不可能有认识过程。认识也是情感的基础，情感又是认识的动力。意志与情感也有密切联系，情感对人的活动起推动或支持作用时，情感也成为意志的动力。因此，要想说好课，说课人应具备良好的心理素质。

说课和学法改革

学法主要是指在教学过程中学生获得经验的方法的总和。应试教育把学生完全看作是教育教学的客体，学生的学习就是被动地接受知识，因此，学习方法也主要是死记硬背。而素质教育认为学生是教育教学的主体，学生的学习应该是主动的，方法应该是富有创造性的，因此，应试教育向素质教育转轨，学生的学法也必须改革。

对学生学法的指导是教学的根本。教师在向学生传授知识、发展学生能力的同时，应该使学生掌握一定的学习方法，并获得在具体的学习情境中选择和运用恰当的学习方法进行有效学习的能力。学法指导作为说课内容的一项，旨在突出学法指导的地位，引起每一位教师的重视，促使他们深入研究学法指导，并在教学中实施学法指导。

学法这项指标所规定的内容和标准是：（1）教给学生合适的学习方法和恰当运用学习方法的能力。（2）结合教学目的、教材特点和学生年龄。贴切并具体地说出理论依据。这里"学法"的阐述是对本节课所要进行学法指导的总说明，即简要地说明教给学生什么学习方法，培养哪些能力和学习习惯，以及为什么这样做。

学法改革的核心是充分发挥学生的主体性，主体性发挥得愈充分，学法愈主动、愈灵活，创造性就愈强，学习效果也就愈佳。而学生掌握学法必须具备以下能力：掌握独立探求新知的方法，获得不断深造的能力；具有与集体合作的品质，学会认真听取别人的意见，与他人合作解决问题的能力；具备自如表达思想的能力。这些正是说课时教师所反映出来的学法指导水平，因此，说课有助于学法改革。

说课时，不仅要说出采用什么教法，还要讲出准备引导学生运用或教给学生什么学法。教法的应用、学法的指导都以科学的理论为依据，因而能帮助我们正确认识和处理教法与学法之间的关系。

现代教育思想重视学生"学"的方面，但教学方法决不是教法加学法的机械之和，而是二者相互影响、相互作用的协调活动的统一体。教法和学法既是对立的又是统一的，是矛盾的统一体。一般来说，教师的教法处于矛盾的主要方面起主导作用，但教学过程中教师教法的基础是学生的学法，因而学法对教法有制约作用。只有当教师采取一种教法，学生采取相应的学法积极配合时，才能保证教学任务顺利完成。这就是教法与学法的相互转化，即矛盾的主要和次要方面互相转化，在转化过程中实现了从"教"到"学"的教学过程。

说课时，教师对所教学生的知识技能、智力水平、学习态度、思想状况、心理特点、非智力因素要进行分析估计，说出不同层次的学生对教师教学的反应，对新知识的学习有什么困难，以及怎样调动学生求知、求思的主动性、积极性，让学生在完成自我调整和准备的同时，提高学习能力，为"从教到学"这一转化创造条件。

综上所述，说课使教法、学法的改革成为必然，并能帮助我们正确认识教法、学法的关系，是实施素质教育的保证。

说教程应按套路推进

教学程序的基本内涵是课堂结构，从教师的整个说课过程来说，应该是精华、高潮所在。说教学过程是说课的重点部分。因为通过这一过程的分析才能看到说课者独具匠心的教学安排，它反映着教师的教学思想、教学个性与风格。也只有通过对教学过程设计的阐述，才能看到其教学安排是否合理、科学，是否具有艺术性。通常，教学过程要说清楚下面几个问题。

一、说出整堂课的设计思路及程序

教学过程是一个由多方面、多层次、多因素组成的完整而复杂的过程，教学过程中各因素之间的相互联系，构成了一定的结构与系统，从而形成一定的教学模式。它是在一定的教学思想或教学理论指导下建立起来的、较为稳定的教学活动结构框架和活动程序。结构框架是从静态角度来规范体现某种教学思想或教学理论的教学活动所必须具有的基本操作要素。活动程序则是从动态角度来规范体现这一教学活动的大致操作程序。因此，说课教师在说教学设计思路及程序（环节安排）时，要把自己对教材的理解和处理，针对学生实际，借助哪些教学手段来组织教学的基本教学思路说清楚。

说教学程序要把教学过程所设计的基本环节说清楚，但具体内容只须概括介绍，只要听讲人能听明白"教的是什么"、"怎样教的"、"学生如何学"的就行。无需按教案像给学生上课一样讲解。

二、说出主要教学程序与环节的理论依据

反映在学生的学习方面，包括"要学什么"、"能学什么"、"学得怎样"；反映在教师教的方面，则是"应干什么"、"能干什么"、"干得怎样"。说课者在介绍教学过程时不仅要讲教学内容的安排，还要讲清

楚"为什么这样做"的理论依据（包括学科课标依据，教学法依据、教育学，心理学依据）。

三、说教与学的双边活动安排

说教与学的双边活动安排具体包括：怎样运用新课程的教学思想指导教学，怎样体现教师主导作用与学生主体活动的和谐统一，教法与学法的和谐统一，知识传授与智能开发的和谐统一，德育和智育的和谐统一，"三维"教学目标的有机统一。

说课堂教学活动还应说清楚哪些地方应开展活动，开什么活动（如自主学习、合作讨论、分组实验、师生互动交流、课本剧表演、成果汇报），怎样开展活动等。

四、说突出重点与突破难点的策略

教师高超的教学技艺体现在突出重点、突破难点上。这是教师在教学活动中投入的精力最大、付出的劳动最多的方面，也是教师的教学深度和教学水平的标志。因此，教师在说课时，必须有重点地说明突出教学重点、突破教学难点的基本策略。教师的说课，要从知识结构、教学要素的优化，习题的选择和思维训练，教学方法和教学媒体的选用，反馈信息的处理和强化等方面去说明突出重点、突破难点的步骤、方法和形式。

1. 突出教学重点的策略

（1）抓住题眼（题目的含义）分析；

（2）抓住教材的关键字词分析、研究；

（3）抓住教材中概括性、总结性的中心句、重点段分析；

（4）依据教材内容结构，层层深入；

（5）运用图表、模型、多媒体等突出重点；

（6）通过设疑激发学生急于求解的悬念，突出教材重点。

2. 突破教学难点的策略

（1）集中一点法——通过许多问题的讲解集中解决一个主要难点问题。

（2）化整为零——把一个比较难懂的难解的问题分成几个小问题，先指导学生弄懂小问题，大问题也就迎刃而解。

（3）架桥铺路法——设计一些铺垫，通过"架桥铺路"，帮助学生突破难点。

（4）提问助答法——把教学难点化解为问题形式，通过提问助答等方式帮助学生解决难点。

（5）迁移过度法——用已经学过的旧知识，通过知识巧妙的迁移，帮助解决难点。

（6）暗示点拨法——在教学中学生思维受阻或产生偏差时，应抓住症结所在巧妙点拨，使学生豁然开朗。

（7）动手操作法——通过有目的地做演示实验，让学生动手操作，可有效突破难点。

（8）多媒体演示法——利用多媒体，把不易解的难点展示出来，更有利于教学难点的突破。

五、说教学媒体的选择与使用

教师、学生、教材、媒体是课堂教学的四要素。课堂教学是以信息交流为主要活动载体而存在，媒体在教学中的作用不可低估。教材、板书、幻灯、课件等都是我们交流的重要载体。

在课堂教学中，教师通过媒体向学生传递信息，学生利用多媒体创设的情境进行协作学习，通过媒体向教师反馈学习信息，实现师生之间、学生与教材之间的信息交往，达成教学目标。因此，在说课时，还应说明本节课选用了哪些教学媒体，为什么要选择这些媒体？这些媒体什么时候使用？这些媒体在突出重点、突破难点方面有何作用等。

课堂教学程序的十大策略

课堂是学校最基本的教学单位，它是一种有组织、有领导的师生共同进行的教与学的双边活动。传统的课堂教学管理主要采取管、卡、压等办法以控制学生的问题行为，而结果往往是问题行为越来越多、越来越严重。为了建立有利于教与学的积极的课堂气氛，教师可以采用以下方法进行课堂教学管理：

1. 以情唤情

堂中，学生出现思想不集中，低声讲话或做小动作，在所难免，这是学生阶段生理心理特征所决定的。即使再高明的教师说课，甚至组织公开课，也会出现这种情况。这种情况产生的原因很复杂，但最主要的还是缺乏一个"情"字。以情感人，以情管人，是解决上述问题的好办法。譬如，当教学进入基调清新爽朗时，教师必须以愉悦欢快的心情去引导学生；当教学转入基调哀愁悱侧时，教师必须以沉郁凄凉的心情感染学生；当教学要求严密的科学性和清晰的条理性时，教师的心情则应平正、舒快；当教学呼唤思维逻辑严密，或深沉，或激昂，教师的心情也必须随之严肃、振奋。这些情感借助教材和一定教学手段，传示给学生，它会像磁石般吸引住学生。另一方面，对学生的处理更少不了一个"情"字领先，从语意到行为都要使学生感到教师是在关爱他，使其主动配合教师的课堂管理。

2. 轻敲响鼓

教师在教学过程中把声音的音质、音量、声调、语音和节奏等加以组合变换，把声音的声、色、情融为一体，运用到语气上，用含蓄的方法对学生出现的违纪行为进行诱导和影响。响鼓不用重锤，学生听到教师"弦外之音"，从而领会到教师的意图和良苦用心，于是做出知心、知情、知理的反映，及时改正自己的错误行为。这种办法既巧妙地解决

了那个学生自己的问题，又不至于影响其他人的注意力。

3. 目光暗示

人眼为窗，可以传情传神。教师课堂上视野所及，可以眉目传情，促进学生专心听讲。偶尔有学生面朝窗口，思想"跑马"，教师可运用目光注视，将自己的愿望、态度、思想感情和言语迅速传递给学生。淡漠、严厉、责备的目光使学生触目知错，立即醒悟；热情、慈祥、赞许的目光使学生触目会意，精神振奋。教师不论是提出问题、指导自学、启发释疑或小结强化，都要用期待的目光，尽可能去平视或环顾大多数，切不可老是两手扶案，目无学生。也不能只站在教室一隅，视线顾此失彼。尤其要不时地环视前后左右，特别是后排的左右两角，对潜能生，更应予以满腔热情的关注。

4. 动作指引

教师在课堂上的一颦一笑，举手投足，都能传达管理信息，是课堂上师生互相感知的意识信号。如教师的手势具有状物、言志、召唤、传情的特殊本领，可以成为辅助课堂管理的非语言的外部表现形式，可以引导学生意识，可以把自己的意图、教学的宗旨和学生的接受意向牵引到一起，让学生在有限的课堂时空中按照教师启示的思路去学习，去领悟，去融会贯通，并有所创造。教师的面目表情也有一定的潜在控制作用，表示理解的微笑和思考式的点头，则流露出教师对学生的鼓励和期待；表示满意的微笑和赞许式的点头，则流露出教师对学生的热诚与喜爱，可以达到移情传神的功效。甚至教师的站态，与学生的空间距离和行间巡视等体态活动，也具有吸引学生注意力，组织课堂说课教学管理的作用。

5. 冷却制动

在课堂上遇到突发问题，教师应冷静分析，泰然处之，予以"冷处理"。比如上课铃响后，教师夹着书本信心十足地走进教室，却发现教室里十分混乱。有的交头接耳，有的打斗疯玩。即使他们看到老师来了，有的还沉浸在刚才的嬉戏追逐之中，有的则陶醉在课间休息时的趣谈中尚未清醒。具有这种心态的学生，突然集中在课堂上，正如奔腾的激流，一下遇到挡住去路的闸门，会出现一种反激的浪花如一股回旋的

倒流，情不自禁地表现出言谈举止的"出格"。这时教师不宜马上讲课，更不要大声呵斥。因为上节课刚结束不久，课程变换后，学生需要一个短暂的放松时间以重新调整身心倾向。上述行为可姑且看成是学生卸下某种心理负担、转换思维、接受新课的准备。此时教师可以采取"以静制动"的办法，站上讲台，只用一种平静的目光扫视学生一周，形成一种吸引力，把他们"散放的心"吸引到课堂上来，或者在黑板上板书醒目的课题，转移他们的注意力，学生转瞬就会各归原位，安静下来，恢复教学秩序。

6. 行为矫正

就是采用一套奖优罚劣的措施，树立正气，激励积极力量或行为，抵制消极因素，并长期坚持，形成制度。这要以奖优为主，罚劣为辅。奖励以精神奖励为主，如口头表扬，增加操行分等；罚劣切不可采用讽刺、威胁、隔离、体罚等手段，应当努力将惩罚变为一种学生愉快的自我教育。如魏书生老师创造的学生学习"违法"（违反学习管理的规定）自我惩罚的五种方式就是很好的例子。谁"违法"，除了补上学习任务外，还要从五种方式中挑选一种进行自我补偿。五种方式是：（1）为别人、为集体做件好事，以补偿内疚心理；（2）为大家唱支歌，或表演个节目，增强自制观念；（3）写一份说明书；（4）写一份心理病历；（5）写一份个人法庭审判程序。奖优罚劣可增强学生健康的自我意识，促进人格的自我完善。

7. 旁敲侧击

课堂上学生出现做小动作、接话茬、喧闹、过分放肆等违纪现象时，教师理应当机立断处理。不过，对绝大多数学生来说，干扰只是瞬间的一种失控表现，并不是有预谋的行为。教师应慎重地考虑学生的情感和自尊心，采用旁敲侧击的方式，使对方知道他的行为已被老师注视而应立即纠正。如盯他一眼，朝他点点头，轻轻敲击一下他面前的书桌，或站在他身旁略为停留，或叫他本人或周围学生答问等。通过微妙的方式把信息传递过去。这样，师生情感容易沟通，见效快。

8. 分组约束

课堂教学一般都分有学习小组，4—8人不拘。每组既有优生，又

有潜能生。组长可由优生和潜能生轮流担任。一方面使他们彼此学习，互相帮助和督促；另一方面使他们"正人先正己"，人人都是管理者。还可以将全班同学分为优、良、中三个不固定的，由教师内部掌握的程度级。通过程度级对学生实行异步管理。发现某个学生进步时，鼓励其不断起跳，释放潜能；发现某个学生退步时，及时做好转化工作。而且对不断变化的学生实行动态管理，不断调整级别，提出新的要求。这种管理，既有可靠的组织保证，又有严格的质量控制，可以收到学习、身心同时进步的效果。

9. 环境熏陶

环境可以作用于无意识或者非理性的心理，进而孕育出某种倾向来。环境的影响是隐形的，却是有力的。它可以避免学生产生反感情绪，容易激发学生心理潜能。教师要尽力创造一个良好的班级环境。因为理想的社会心理，以外在的组织气氛潜移默化地影响着群体中每一个学生心理状态和行为方式，以一种无形的力量非强制性地规范着群体中每个成员的行为。教学改革的实践证明，新的教学思想和教学模式可以创造出优秀的集体，优秀的集体又以良好的社会心理环境和班风、学风，使学生产生一种积极向上、主动学习的心理趋向。这种良性循环，带来了课堂教学管理的高效能。另一方面，教师还应当注意课堂客观环境的培植。如教室的布置要注意颜色的选择和光线的处理。自然适度的光线有助于师生在教学中的情感交流，促进师生心理相融。教室空间的合理布局和课桌、凳的美观排列不仅消除了"教学死角"，而且能够使全体学生处于教师视野之内，从客观上提高课堂管理效果。甚至教师的仪表对学生同样具有潜在的影响力。如浅色服饰给学生以亲切感，深色服饰给学生以庄重的"权威"感，艳丽服饰则易分散学生注意力。教师应讲究朴素大方、整洁，不穿奇装异服。衣服色调尽以淡雅、调合、鲜明为宜。穿西装，系上领带，以显气度；穿中山装，系好风纪扣，以显严谨。这些环境的熏陶，对课堂教学管理的约束力都是不可或缺的。

10. 自我管理

课堂教学已能充分发挥学生主体作用和教师主导作用时，学生良好的学习习惯和风气基本养成，自控力、自制力都大大提高，这时可由学

生自我管理。"管"是为了达到不管，这是我们课堂教学管理的最高境界。这时教师重在指导学生管理的方法和经验，使他们学会管理。同时加大教学改革力度，采用各种方式，使教学成为一个个开放系统，使教学贴近生活，从而不断形成学生的自我管理习惯和提升学生的自我管理能力。